Alois Prinz

Folge deinem eigenen Weg

D1875684

Das Buch

Teresa von Avila bezeichnet es als „Lockruf", Dorothee Sölle als „Hunger" – beide Begriffe beschreiben die Sehnsucht, die Menschen vorwärtstreibt. Alois Prinz porträtiert in seinem Buch zehn Menschen, die ihrer inneren Stimme trotz aller Widerstände gefolgt sind, die ihren eigenen Weg gefunden haben. Er versucht zu ergründen, warum das Leben dieser Menschen eine derartige Wende nahm. Wie wird aus dem Skeptiker Augustinus einer der großen Lehrer der Christenheit? Aus dem Kriegshelden Franziskus ein Ordensgründer? Was muss passieren, dass sich eine überzeugte Atheistin wie Edith Stein taufen lässt? Entstanden sind berührende Lebensgeschichten von Menschen, die an ihre Grenzen kamen – aus ganz unterschiedlichen Gründen. Aber auch von Menschen, die alle auf ihre Weise erlebt haben, dass etwas gänzlich Neues begann.

Der Autor

Alois Prinz, 1958 geboren, studierte Literaturwissenschaft und Philosophie. Mit seiner Familie lebt er in der Nähe von München. Er ist bekannt für seine zahlreichen preisgekrönten Biografien über Georg Forster, Hannah Arendt, Hermann Hesse, Ulrike Meinhof, Franz Kafka und den Apostel Paulus.

Alois Prinz

Folge deinem eigenen Weg

Zehn Menschen, die ihre Bestimmung fanden

HERDER

FREIBURG · BASEL · WIEN

HERDER spektrum Band 6432

MIX
Papier aus verantwortungsvollen Quellen
FSC www.fsc.org
FSC® C083411

Titel der Originalausgabe: Mehr als du denkst.
Zehn Menschen, die ihre Bestimmung fanden
© 2009 by Gabriel Verlag GmbH (Thienemann Verlag GmbH), Stuttgart, Wien
© Verlag Herder GmbH, Freiburg im Breisgau 2013
Alle Rechte vorbehalten
www.herder.de

Umschlagkonzeption: Agentur R·M·E Roland Eschlbeck
Umschlaggestaltung: Verlag Herder
Umschlagmotiv: © Mauritius Images/Robert Harding

Herstellung: CPI – Clausen & Bosse, Leck

Printed in Germany

ISBN 978-3-451-06432-6

Inhalt

Vorwort

Es gibt viele Aussagen darüber, was der Mensch eigentlich ist und wodurch er sich von anderen Lebewesen unterscheidet. Eine könnte lauten, dass der Mensch das einzige Lebewesen ist, das zweimal geboren wird. Einmal bei seiner leiblichen Geburt, am Anfang seines Lebens, durch seine Mutter. Und das zweite Mal, wenn er auch hinsichtlich seiner Bestimmung zur Welt kommt. Dieses zweite Ereignis meinen wir, wenn wir etwa sagen, dass jemand zu sich selbst gefunden hat oder sein wahres Ich entdeckt hat.

Solche Vorstellungen setzen voraus, dass ein Mensch noch nicht »fertig« ist, wenn er geboren ist, körperlich nicht, geistig nicht und auch seelisch nicht. Aber während die körperliche und geistige Entwicklung in den meisten Fällen sozusagen von selber abläuft, ist es nicht ausgemacht, ob jemand auch seine Bestimmung findet. Mit anderen Worten: Ob jemand seine zweite Geburt erlebt, ist nicht garantiert, sondern höchst offen. Hier kommt es auf die eigene Initiative an, hier gilt es, Hindernisse zu überwinden, Widerstände zu brechen, sich auf die Suche zu begeben und Sternen zu folgen.

In der Literatur und den Religionen wird dieser Vorgang oft verglichen mit einem Ei, dessen Schale durchbrochen werden muss. Das Küken in seinem Ei ist schon da, aber es ist noch nicht geboren. Es muss sich erst durch die Schale kämpfen, wenn es sich in die Welt befreien will.

Eine in den östlichen Religionen weitergegebene Variation dieses Bildes ist die Geschichte von den Göttervögeln.

Diese Vögel fliegen weit über den höchsten Bergen. Sie bleiben immer in der Luft und berühren nie den Erdboden. Auch ihre Eier legen sie in luftiger Höhe. Das Ei fällt der Erde entgegen, aber solange es fällt, hat das Küken Zeit, sich aus seinem Gefängnis zu befreien – sofern es überhaupt auf die Idee kommt, dass es diese Freiheit gibt.

Gelingt es ihm, dann schüttelt es die Eierschale ab, breitet die Flügel aus und steigt wieder nach oben. Ein neuer Göttervogel ist geboren.

Nur allzu oft ist es leider der Fall, dass einem Küken der Durchbruch nicht gelingt. Es müht sich immer verzweifelter, während die Erde immer näher kommt, und schließlich ist es zu spät und das Ei zerschellt am Boden. Das Küken ist nicht tot. Es ist benommen und nach kurzer Zeit rappelt es sich auf und macht erste Schritte. Es lernt zu gehen, aber eben nur zu gehen. Bei manchen bleibt höchstens eine schwache Erinnerung daran, dass es einmal möglich gewesen wäre zu fliegen.

Die in diesem Buch versammelten Lebensgeschichten erzählen von gelungenen Befreiungen aus dem fallenden Ei. Sie berichten von Menschen, die wir heute als Heilige oder zumindest als vorbildliche christliche Gestalten verehren. Die zweite Geburt ist bei diesen Personen eine religiöse, genauer gesagt eine christliche. Das heißt aber nicht, dass ihr Lebensweg zwangsläufig im Schoß der Kirche enden musste oder dass ihr Bekenntnis zum christlichen Glauben vorhersehbar war. Im Gegenteil. Die ausgewählten Frauen und Männer weisen sehr wechselvolle Schicksale auf, und es war für sie selbst und für ihre Umgebung nicht abzusehen, wohin ihr Weg sie führen wird.

Einige von ihnen, wie Aurelius Augustinus oder Franz von Assisi, standen dem christlichen Glauben lange Zeit fern. Andere, wie Edith Stein oder Simone Weil, verstanden sich sogar als Atheisten. Allen diesen Menschen ist gemeinsam, dass sie sich nicht mit dem Vorhandenen abgefunden und ihre innere Unruhe nicht betäubt haben. Sie wurden von ihren Problemen und Zweifeln vorwärtsgetrieben und hörten nicht auf, nach Lösungen zu suchen. *Wir kommen,* so meinte einmal Edith Stein, *nicht an der Frage vorbei, wer wir sind und was wir wollen.* Es war diese Frage, die Edith Stein ebenso wie Martin Luther, Blaise Pascal oder Dorothee Sölle dazu bewegt hat, sich auf die Suche zu machen. Diese Suche führte sie in eine Krise, die aber nicht ein Ende bedeutete, sondern einen neuen Anfang möglich machte. Erst auf solchen Umwegen kamen sie zu Antworten, die nach einem anderen Leben verlangten. Zu dieser Wende gehörte dann auch die Entdeckung, dass die gefundenen Antworten übereinstimmen mit den christlichen Aussagen über Gott und den Menschen. So ist es zu verstehen, wenn Edith Stein meinte: *Wer die Wahrheit sucht, der sucht Gott, ob es ihm klar ist oder nicht.*

Beispielhaft für diese Wahrheitssuche, die gleichzeitig eine Gottessuche ist, steht Jesus von Nazareth. Mit ihm beginnt die Reihe, weil sich bei ihm geradezu musterhaft zeigt, welche Voraussetzung für eine zweite Geburt unverzichtbar ist, dass wir nämlich zwei Welten angehören, einer menschlichen und einer, die darüber hinausgeht. Dementsprechend gehören zu dem »Weg«, den Jesus selbst geht und den er für alle verkörpert, zwei Geburten. Einmal die im Stall von Betlehem und zum anderen die bei der Taufe im Jordan, durch die seine eigentliche Bestimmung offenbar wurde. Mit dieser Taufe zog er sich nicht von dieser Welt zurück, sondern er wurde in einer tieferen Weise in sie hineingeboren, und er zeigte, wie man ganz in dieser Welt leben kann, ohne in ihr aufzugehen.

Die zweite Geburt folgt keinem festen Schema. Sie ist so unterschiedlich wie die Menschen, die sie erleben. Es kann sein, dass, wie bei Jesus von Nazareth oder Martin Luther, ein einziges Erlebnis das ganze bisherige Leben auf einen Schlag verändert. Es kann aber auch sein, dass eine Lebenswende durch viele kleine Erschütterungen herbeigeführt wird. Der Schnitt, der die Vergangenheit von der Zukunft trennt, kann radikal sein. Oder es kann, wie bei Teresa von Avila, sehr lange dauern, bis ein endgültiger Durchbruch gelingt. Manchmal müssen sich, wie bei Elisabeth von Thüringen, erst die Lebensumstände ändern, bis eine geistige Bekehrung sich auch in Taten und Handlungen voll entfalten kann. Denn auch das gehört zur zweiten Geburt – dass sie nicht nur ein inneres Erlebnis ist, sondern auch das Bedürfnis hervortreibt, die Welt zu ändern.

Was bei einer zweiten Geburt eigentlich stattfindet, das lässt sich nicht vollständig erklären. Es bleibt ein Rest Geheimnis. Andererseits geht ihr aber auch eine Entwicklung voraus, die man durchaus nachvollziehen kann. Es ist eine Entwicklung, in der sich Konflikte aufbauen, die sich dann irgendwann einmal in einer Explosion entladen. Welche Konflikte das sind, das hängt natürlich von der jeweiligen Zeit ab, von den Einflüssen, die jemanden prägen, in der Familie, in der Schule, in der Gesellschaft.

So unterschiedlich die einzelnen Lebensgeschichten und Bekehrungserlebnisse sind, so weisen sie doch auch gewisse Ähnlichkeiten auf. Immer ist es so, dass eine scheinbar fest gefügte Welt aufgebrochen wird und ein viel weiterer Horizont sich auftut. Diese Erweiterung führt jedoch nicht weg von der alltäglichen Welt, sondern diese erscheint nur in einem anderen Licht. Bildlich gesprochen: Wenn der Vogel die Schale durchbrochen hat und sich aufschwingt, ist er immer noch in der gleichen Welt, aber er sieht sie von oben, mit den Augen eines Göttervogels. Für die Theologin Dorothee Sölle bedeutet die zweite Geburt, dass unsere Vorstellungen von der Welt und von uns selbst zerstört werden. Unser altes Ich wird überwunden, ein neues Ich tritt an seine Stelle. Diese Erfahrung kann, so glaubt sie, jeder Mensch machen. *Wir sind*, schreibt sie, *nicht nur die, die wir kennen, die wir zu sein glauben. Wir sind alle fähig, anders zu sein, wir können uns selber verlassen, wir sind der Versenkung und der Transzendenz fähig.*

Jesus von Nazareth
oder
Die Kunst des Fragens

Für Christen ist Jesus von Nazareth das Vorbild für alle Menschen. Ihm sollen sie nachfolgen, das heißt, sie sollen so leben wie er. Ein solches Vorbild kann Jesus nur sein, weil er nicht nur Gottes Sohn war, sondern auch ein Mensch. Und wir Menschen sind im christlichen Verständnis nicht nur »Erdenwürmer«, sondern nach dem Bild Gottes geschaffene Wesen. Oder um es mit einem Bild des Apostels Paulus zu sagen – wir sind sehr zerbrechliche Gefäße, die einen ungeheuren Schatz in sich tragen.

Diese Spannung ist die Voraussetzung für eine Entwicklung. Auch Jesus von Nazareth hat sich im Laufe seines Lebens verändert und entwickelt. Auch er musste erst zu sich selber finden. Dreißig Jahre lang lebte er im Verborgenen in seinem Heimatdorf in Galiläa, bis er begann, herumzuziehen und seine Botschaft zu verbreiten. Aber auch schon in den Jahren davor gab es Hinweise, dass dieser Jesus mehr ist als ein Zimmermannssohn aus Nazareth. Der junge Jesus hat demnach in dem Bewusstsein gelebt, dass er etwas Besonderes ist und irgendwann der Durchbruch zu seinem eigentlichen

Leben kommen wird. Aber wie lebte er mit diesem Wissen? War er ein Wunderkind oder ein ganz normaler Junge aus Galiläa?

Wo ist Joshua?

Über das Kind und den Jugendlichen Jesus, der in seiner Sprache, dem Hebräischen, Joshua hieß, weiß man so gut wie nichts. Im gesamten Neuen Testament gibt es nur eine einzige Episode aus seiner Kindheit. Darin erzählt der Evangelist Lukas, wie Joseph und Maria eines Tages mit ihrem ältesten Sohn Joshua zum Passahfest nach Jerusalem reisten. Joshua war damals zwölf Jahre alt und stand kurz vor seiner »Bar Mizwa«, seiner religiösen Volljährigkeit.

Nach dem Fest brachen Maria und Joseph wieder zur Heimreise auf. Sie waren mit anderen Leuten aus ihrer Heimat nach Jerusalem gekommen, und wie schon bei der Hinreise liefen die Kinder voraus und schlossen sich während der langen Wanderung Freunden und Verwandten an. Darum machte sich Maria auch keine Gedanken, als Joshua beim Aufbruch nicht bei seinen Eltern war und sie ihn auch die folgende Zeit nicht zu Gesicht bekam. Erst als die Gruppe schon den ganzen Tag gewandert war und die Männer sich nach einem geeigneten Platz für das Nachtlager umschauten, begann Maria nach ihrem Sohn zu suchen. Doch der war nirgends zu finden. Keiner hatte Joshua gesehen.

Langsam wurde es zur Gewissheit, dass Joshua nicht in der Gruppe war und in Jerusalem zurückgeblieben sein musste. Maria und Joseph kehrten sofort um und kamen wahrscheinlich erst spät in der Nacht in Jerusalem an. Am nächsten Morgen begannen sie, nach Joshua zu suchen. Sie durchforschten die engen Gassen der Stadt und fragten in Gasthöfen und bei Straßenhändlern nach, ob jemand einen allein herumirrenden Jungen gesehen hatte. Doch niemandem war etwas aufgefallen. Enttäuscht und voller Sorge kehrten Maria und Joseph am Abend zu ihrem Schlafplatz zurück.

Auch der nächste Tag endete ergebnislos. Joshua war nicht zu finden. Am dritten Tag gingen seine Eltern zum Tempel. Hier waren sie mit Joshua während des Passahfestes gewesen. Joseph hatte mit Tempelgeld eine Taube gekauft und sie zum Altar vor dem Allerheiligsten gebracht, wo das Tier von Priestern dem Gott Jahwe geopfert worden war.

In den Seitenräumen des Tempels wurden zwölf- oder dreizehnjährige Jungen von Schriftgelehrten unterrichtet. Gruppen von jungen Leuten saßen da beieinander, vor ihnen ein Rabbi, der aus einer Schriftrolle vorlas und die Stellen erklärte. Als Maria und Joseph einen Blick in einen dieser Räume warfen, sahen sie, dass dort viele ehrwürdige Rabbis versammelt waren. Und inmitten dieser gelehrten Gesellschaft saß ihr Sohn Joshua und redete mit den Schriftgelehrten wie ein Erwachsener.

Maria und Joseph wussten erst nicht, was sie tun sollten, so verblüfft waren sie. Schließlich war es Maria, die ihre Fassung zurückgewann. Bei aller Erleichterung und Freude darüber, dass sie Joshua gefunden hatten, war sie auch verärgert über ihn. Während sie tagelang besorgt und verzweifelt nach ihm gesucht hatten, saß er seelenruhig im Tempel, diskutierte mit den Rabbis und schien seine Eltern vergessen zu haben. Ohne auf die hohen Herren zu achten, ging Maria zu ihrem Sohn und nahm ihn streng an der Hand. »Kind«, sagte sie zu ihm, »wie konntest du uns das antun? Dein Vater und ich haben dich überall gesucht und wären fast gestorben vor Angst.« Joshua aber schaute seine Mutter nur verwundert an und meinte: »Warum habt ihr mich gesucht? Ihr hättet doch wissen können, dass ich da bin, wo mein Vater ist.«

Weder Maria noch Joseph verstanden, was er damit meinte. Sein Vater war doch nicht im Tempel gewesen, sondern auf dem Heimweg nach Nazareth, ihrer Heimat? Aber Joshua hatte schon oft Dinge gesagt, die sich sehr rätselhaft anhörten. Und in seinem Leben waren auch schon einige Sachen passiert, die sonderbar waren. Seine Eltern mussten nur zurückdenken an seine Geburt, damals in dem Stall bei Betlehem, und an die abenteuerliche Reise nach Ägypten und von dort zurück nach Nazareth. Und deshalb zerbrachen sich Maria und Joseph nicht lange den Kopf über Joshuas seltsame Entschuldigung für sein Verhalten. Sie waren froh, ihn wiederzuhaben, und machten sich auf den Weg nach Hause, nach Nazareth in Galiläa.

Nazareth in Galiläa

Die Geschichte vom zwölfjährigen Jesus im Tempel ist, wie gesagt, die einzige Stelle in der Bibel, wo wir etwas aus der Kindheit des Mannes aus Nazareth erfahren. Alle weiteren Berichte über ihn setzen erst ein, als er begann, herumzuwandern, Jünger um sich zu sammeln, Wunder zu wirken und seine Botschaft zu verbreiten – und da war er schon um die dreißig Jahre alt. Von alledem, was er als Kind, als Jugendlicher und junger Erwachsener getan und erlebt hat, wird nichts berichtet. Trotzdem kann man sich ungefähr vorstellen, wie das Leben des jungen Jesus ausgesehen haben muss.

Galiläa, das Land, in dem Joshua aufwuchs, war, anders als die Gegend um Jerusalem, sehr fruchtbar. Die Wiesen waren grün und im Frühjahr übersät von Blumen. In den Bächen gab es Fische und Schildkröten, und auf den Bäumen bauten Störche ihre großen Nester. Galiläa, das hieß wörtlich übersetzt »Land der Völker«, weil dort Menschen aus verschiedenen Ländern und Kulturen lebten: Phönizier, Araber, Syrer und Griechen. In den großen Städten galten die Leute aus Galiläa als zurückgebliebene Bauern. »Dumm wie ein Galiläer«, sagte man, wenn man sich über einen beschränkten Hinterwäldler lustig machte.

Nazareth, wo Joseph mit seiner Familie lebte, war ein kleines Nest. Immerhin gab es eine Quelle, wo Karawanen Rast machten und mit deren Wasser die Tiere getränkt und die Felder bewässert werden konnten. Der Ort lag auf einem Hügel. An einigen Stellen waren Höhlen in die Abhänge gegraben, die als Vorratskammern für Lebensmittel und teilweise auch als Wohnung dienten. Die normalen Häuser sahen alle gleich aus. Es waren Hütten aus Steinen und Lehmziegeln mit nur einem Raum, der spärlich eingerichtet war. In einer Ecke war die Herdstelle, wo gekocht wurde, und als Betten dienten Matten, die auf dem Boden ausgebreitet waren. Das flache Dach gehörte sozusagen noch zum Wohnraum: Auf einer Leiter oder über eine Treppe konnten die Bewohner hinaufsteigen, um dort in den heißen Sommernächten zu schlafen. Das war nicht ganz ungefährlich. Wenn jemand einen unruhigen Schlaf hatte und sich herumwälzte, konnte es passieren, dass er vom Dach fiel und sich den Hals brach.

Kindheitsgeschichten

In den sogenannten apokryphen Schriften, also jenen Berichten und Legenden, die nicht ins Neue Testament aufgenommen wurden, gibt es noch weitere Geschichten über den jungen Jesus, die allerdings wenig glaubwürdig sind. Da wird etwa erzählt, wie das Kind Jesus mit seinen Freunden auf dem Hausdach spielte, bis einer der Jungen namens Zenon nicht aufpasste und herunterstürzte. Er blieb tot liegen. Vor Schreck liefen alle Kinder davon, nur Jesus blieb zurück. Als die Eltern des verunglückten Jungen kamen, beschuldigten sie Jesus, er sei schuld am Tod ihres Sohnes, er habe ihn gestoßen. Da sprang Jesus vom Dach und befahl Zenon, er solle wieder aufstehen. Der Junge erhob sich tatsächlich und sprach Jesus von jeder Schuld frei. Zenons Eltern warfen sich daraufhin vor Jesus nieder.

Diese Geschichte aus den apokryphen Schriften stammt von einem gewissen Thomas und ist lange nach dem Tod Jesu entstanden, als es schon viele christliche Gemeinden gab. Zu dieser Zeit, etwa 200 n. Chr., wuchs das Bedürfnis, mehr über das Leben des Jesus von Nazareth zu erfahren. Vor allem über seine Kindheit, über die man so gut wie gar nichts wusste. Also dachte sich jener Thomas Geschichten über Jesus aus, wie er ihn sich vorstellte. Er glaubte daran, dass Jesus von Nazareth der Erlöser, der Sohn Gottes war. Demnach müsse er auch schon in seiner Kindheit etwas Besonderes gewesen sein. Bei Thomas ist Jesus kein normales Kind, sondern ein Wunderknabe, der übermenschliche Fähigkeiten hat. In einer dieser Geschichten formt er aus Lehm Vögel, die lebendig werden und davonfliegen. Ein andermal stört ihn ein Kind beim Spielen und zur Strafe dafür lässt er den Jungen verdorren wie einen alten Baum.

Kein Wunder, dass die Eltern, Joseph und Maria, in den Thomas-Geschichten mit ihrem Kind viel Ärger haben. Dauernd beschweren sich die Leute im Dorf bei Joseph über seinen Sohn, weil er Leute, die ihm zuwider sind, in Böcke verwandelt oder blind werden lässt. Joseph zieht Jesus kräftig am Ohr und fordert ihn auf, mit diesem Unsinn aufzuhören, weil er sonst noch das ganze Dorf gegen die Familie aufbringt. Mehr fällt ihm auch nicht ein. Immerhin kann Jesus, laut Thomas, mit seinen Zauberkräften auch Gutes tun. Seinen Bruder Jakobus etwa macht er wieder gesund, nachdem der von einer Schlange gebissen wurde.

Auch Joseph selbst hat Vorteile von seinem wundersamen Sohn. Er ist nämlich in den Kindheitsgeschichten des Thomas ein ziemlich schlechter Zimmermann, dem oft etwas schiefgeht. Einmal soll er für einen reichen Auftraggeber ein Bett machen. Die seitlichen Bretter, die er dazu schreinert, sind aber unterschiedlich lang und Joseph ist ratlos. Zum Glück kommt ihm Jesus zu Hilfe, der das zu kurze Brett anfasst und wie mit Zauberhand auf die richtige Länge streckt.

Natürlich ist Jesus in diesem sogenannten Kindheitsevangelium allen anderen an Wissen und Weisheit überlegen. Darum können ihm auch Lehrer nichts mehr beibringen. Der Erste, der das versucht, ist ein Lehrer namens Zachäus. Er will Jesus das Alphabet lehren. Stattdessen erklärt ihm Jesus den tieferen Sinn der Buchstaben. Zachäus ist schließlich völlig verzweifelt darüber, dass ein Kind ihm so haushoch überlegen ist.

Der zweite Lehrer, zu dem Joseph seinen Sohn schickt, reagiert rabiater auf den Schüler, der klüger ist als er. Er schlägt zu, woraufhin Jesus ihn ohnmächtig zusammenbrechen lässt. Erst der dritte Lehrer erweist sich als ein guter Lehrer, weil er die Überlegenheit seines Schülers anerkennt und ihn demütig zu seinen Eltern zurückbringt.

Der Jesus in diesen Geschichten ist kein sympathisches Kind. Er ist ein altkluger kleiner Despot, dem man nicht im realen Leben begegnen möchte. Zu Recht sind darum diese Erzählungen nicht in das Neue Testament aufgenommen worden. Sie übersehen nämlich, dass Jesus nicht nur Gottes Sohn war, sondern auch ein richtiger Mensch mit all seinen Schwächen und Grenzen. So wird auch Joshua ein ganz normaler Junge gewesen sein, dessen Leben im Dorf Nazareth ablief wie das Leben Tausender anderer Kinder in Galiläa und ganz Palästina.

Ein Kind seiner Zeit

Um ermessen zu können, welch tief greifende Entwicklung Joshua bis zu seinem dreißigsten Lebensjahr gemacht hatte, sollte man sich vergegenwärtigen, unter welchen Bedingungen er vermutlich aufwuchs und wie ihn diese prägten.

Sein Vater Joseph hatte als Zimmermann einen angesehenen Beruf, mit dem er, wie damals üblich, eine große Familie ernähren musste. Manche schätzen, dass Joshua noch fünf Brüder und zahlreiche Schwestern hatte. Im Haus der Familie ging es daher wohl sehr eng zu. Der Vater arbeitete sicher viel im Freien. Vielleicht hatte er auch einen Schuppen als Werkstatt und Lagerraum für seine Werkzeuge. »Wer seinen Sohn kein Handwerk lehrt, lehrt ihn zu rauben«, so lautete eine bekannte Lebensregel zu jener Zeit. Als ältester Sohn wird Joshua schon sehr früh seinem Vater zur Hand gegangen sein. Er musste lernen, wie man mit Hammer, Schlegel, Säge und Beil umgeht und wie man das Holz von Zedern, Palmen, Feigen- und Olivenbäumen voneinander unterscheidet.

Mit fünf Jahren wurde Joshua wie alle anderen Jungen in diesem Alter zur Schule geschickt. Maria brachte ihn vermutlich beim ersten Mal zum Wärter der Synagoge, der ihn dann zum Rabbi führte. Das war kein hauptberuflicher Priester, sondern ein frommer Mann aus dem Dorf, der auch die Aufgabe hatte, die Jugend zu unterrichten. Die Synagoge war gleichzeitig die Schule. Es war ein enger, karger Raum, vielleicht spärlich geschmückt mit Palmen und Davidsternen. Vorne war die Lade, in der die Schriftrollen aufbewahrt wurden. In der Mitte stand ein Holzstuhl, auf dem der Rabbi Platz nahm.

Er sprach mit seinen Schülern einen Dialekt des Aramäischen, wie sie es von zu Hause gewohnt waren. Im Laufe der Zeit lernten sie Hebräisch, um die Heilige Schrift lesen zu können. Es gab nämlich nur ein einziges Schulbuch, und das war kein gebundenes Buch, sondern eine Schriftrolle: die Thora. So heißen im Judentum die ersten fünf Bücher des Alten Testaments, in denen die Gesetze stehen, die Gott dem Volk Israel gegeben hat. Diese Gesetze lesen zu können, sie zu verstehen und später danach zu leben, darauf zielte der ganze Unterricht ab. Also lernten die Schüler zunächst die Buchstaben des hebräischen Alphabetes, dann die ersten Hauptwörter und dann ganze Abschnitte aus der Thora. Das Lesen begleiteten sie mit rhythmischen Bewegungen der Hand oder indem sie bedächtig mit dem Kopf nickten. Manchmal zogen sie auch singend durch die Synagoge und schwangen die Gesetzesrollen über ihren Köpfen.

Der Unterricht dauerte den ganzen Vormittag. Erst mittags konnten die Kinder nach Hause. Maria durfte Joshua nicht fragen, was er in der Schule gelernt hat. Das stand einer Frau nicht zu. Sie hatte sich um das Haus und die Kinder zu kümmern, ansonsten musste sie den Mund halten und tun, was ihr Mann von ihr verlangte. Wenn er mit ihr unzufrieden war, konnte er sich von ihr scheiden lassen. Umgekehrt ging das natürlich nicht.

Für einen jüdischen Mann war die Frau ein minderwertiges Geschöpf. Er redete mit ihr möglichst wenig und er dankte täglich seinem Gott dafür, dass er nicht als Ungläubiger, als Sklave oder als Frau geboren worden war. Auch im Tempel in Jerusalem durften Frauen nur den Vorhof betreten. Vom religiösen Kult waren sie, weil sie als unrein galten, weitgehend ausgeschlossen. Besser das Gesetz gehe in Flammen auf, so lautete ein Spruch, als dass es an die Weiber geriete.

Joshua übernahm mit den Gesetzen seiner Religion auch diese Einstellung zu Frauen. Sie war für ihn selbstverständlich. Doch später, als er sein Zuhause verlassen hatte und als Prediger herumzog, verstieß er gegen viele Tabus seiner Zeit und seines Volkes. Er unterschied nicht mehr zwischen rein und unrein, zwischen Sündern und Gerechten, Heiden und Juden, Männern und Frauen. Das war wahrscheinlich auch der Grund dafür, warum es unter seinen Anhängern so viele Frauen gab und er sie freundschaftlich und gleichberechtigt behandelte.

Die Kunst des Fragens

Mit etwa zwölf Jahren hatte Joshua seine religiöse Grundausbildung abgeschlossen. Er hatte sich nicht nur mit der Thora befasst, sondern auch mit den sehr viel schwierigeren mündlichen Auslegungen der Gesetzestexte. Sein Fest der religiösen Volljährigkeit, die Bar Mizwa, rückte näher, und zur Vorbereitung darauf nahmen ihn seine Eltern in diesem Jahr mit nach Jerusalem, zum Passahfest in den Tempel.

Joshuas Verschwinden in Jerusalem und sein Verhalten im Tempel kann man verstehen als ersten Schritt weg von seiner Familie und hin zu seiner eigentlichen Berufung. So gesehen könnte er durchaus in dem Gefühl gelebt haben, zu etwas Besonderem auserwählt zu sein. Dieses Bewusstsein machte ihn aber noch lange nicht überheblich oder besserwisserisch. Das wird auch in der biblischen Geschichte vom zwölfjährigen Jesus im Tempel bestätigt. Dort heißt es im Evangelium des Lukas: *Er saß mitten unter den Lehrern, hörte ihnen zu und stellte ihnen Fragen. Alle, die ihn hörten, waren erstaunt über sein Verständnis und seine Fragen.*

Das ist ein ganz anderer Jesus als in den Kindheitsgeschichten des Thomas. Er beschämt seine Lehrer nicht, weil sie die Frechheit haben, ihm, dem Allwissenden, etwas beibringen zu wollen. Der junge Jesus im Tempel hört aufmerksam zu und stellt Fragen und beeindruckt dadurch seine Zuhörer. Bei den jüdischen Gesetzeslehrern, den Rabbinern, galt nämlich die Fähigkeit zu fragen als die wichtigste Voraussetzung, um die Heilige Schrift zu verstehen.

Wahrhaft fragen kann jedoch nur jemand, der die Antwort nicht schon kennt. Andernfalls würde er sich wie ein Lehrer verhalten, der einen bestimmten Stoff abfragt, oder wie ein Rechtsanwalt, der den Angeklagten in die Enge treiben will. Wahrhaft fragen kann nur ein Suchender, für den die Antwort offen ist, der sich nicht mit bereitliegenden Wahrheiten zufriedengibt, der sich auch selbst infrage stellen kann und der sich nicht einbildet, alles schon zu wissen. Wer fragen kann, der gibt zu, dass er beschränkt ist in seinem Wissen und seiner Erkenntnisfähigkeit, und er gibt gleichzeitig zu erkennen, dass er die Sehnsucht hat, über seine Beschränktheit hinauszukommen. Fragen zu können ist ein Zeichen für den Hunger nach mehr, für den Hunger nach Gott. Deshalb galt bei den Rabbinern derjenige als dumm, der keine Fragen zu stellen vermochte.

Die Taufe am Jordan

Was in den Jahren nach dem Zwischenfall im Tempel mit Joshua geschah, davon wird in der Bibel nichts berichtet. Einiges spricht dafür, dass Joseph früh gestorben ist und

Joshua das Handwerk seines Vaters weiterführte und sich um seine Mutter und die Geschwister kümmerte. Erst mit dreißig Jahren verließ er den engen Kreis seiner Familie und seines Heimatortes und begann als Wanderprediger herumzuziehen und Jünger um sich zu sammeln.

Zu dieser Zeit sorgte ein Verwandter Joshuas für großes Aufsehen. Er hieß Johannes und war eine furchterregende Erscheinung. Er hatte lange Haare und einen wilden Bart und trug nichts weiter als ein Gewand aus Kamelhaar, das von einem Ledergürtel zusammengehalten wurde. Johannes der Täufer, wie man ihn nannte, lebte in der Wüste, am Fluss Jordan, und ernährte sich von Heuschrecken und wildem Honig. Er hielt donnernde Predigten, in denen er verkündigte, dass das Reich Gottes bald kommen und dann Gericht gehalten würde. Von überall her kamen die Leute, um Johannes zu hören. Er rief sie dazu auf, ihr bisheriges Leben aufzugeben, umzukehren und sich von ihm taufen zu lassen. Viele beeindruckten seine Worte und sie ließen sich reumütig von ihm taufen. Sie hielten ihn für einen neuen Propheten, manche sogar für den geweissagten Erlöser, den Messias. Solche Bezeichnungen wies Johannes von sich. Er sei, so sagte er, nur ein Vorbote, der auf einen warte, der viel größer sei als er, so groß und mächtig, dass er, Johannes, nicht wert wäre, dessen Sandalenriemen zu lösen.

Eines Tages kam auch Jesus an den Jordan. Johannes erkannte ihn sofort als denjenigen, auf den er gewartet hatte. Jesus wollte sich von ihm taufen lassen. Erst hielt sich Johannes für dessen nicht würdig, doch dann willigte er ein. Sie stiegen in den Fluss, wo er tief genug war. Johannes legte seine Hand auf Jesus' Kopf und drückte ihn unter Wasser. Als er wieder aus dem Wasser auftauchte, öffnete sich der Himmel und eine Stimme sprach: *Das ist mein geliebter Sohn, an dem ich Gefallen gefunden habe.*

Die Taufe Jesu ist wie eine zweite Geburt. Die erste geschah mehr oder weniger ohne sein Zutun. Er wurde geboren im Stall von Betlehem als Kind von Joseph, dem Zimmermann, und seiner Frau Maria. Nun war er zwar auf der Welt, aber mit der zweiten Geburt kam er erst richtig zur Welt. Seinen leiblichen Eltern hatte er zu verdanken, dass es ihn gab. Aber die wahren Quellen seines Lebens waren ganz andere, seine Heimat lag woanders.

Mit der Taufe bekannte Jesus sich zu seiner Bestimmung. Mit dem Wasser des Jordans wusch er sein altes Leben ab und begann ein völlig neues. War er damit ein anderer Mensch? Oder brach nun sein göttliches Wesen durch? Nein, er blieb ein Mensch, ein »wahrer Mensch«, wie es in theologischer Sprache heißt, was auch bedeutet, dass bei ihm die Spannung von menschlicher Natur und göttlicher Bestimmung auf die Spitze getrieben war. Als »wahrer Mensch« zeigte Jesus, dass man niemals nur ein Produkt anderer sein soll oder ein Resultat seiner Umgebung oder fremder Erwartungen. Jeder Mensch ist ein neuer Anfang, mit unverwechselbaren Eigenschaften und Talenten.

Um aber den Mut zu haben, dieses eigene Ich zu leben, braucht es ein ursprüngliches Vertrauen. Darum gehört zur Taufe das große Ja Gottes: *Du bist mein geliebter Sohn, an dem ich Gefallen gefunden habe.* In der Szene am Jordan zeigt sich Gott als ein Vater, der seinem Sohn seine absolute Liebe versichert. Und Jesus kann ebenso rückhaltlos auf diese Liebe vertrauen.

Mit diesem Vertrauen begann Jesus aus Nazareth sein anderes Leben. Er zog sich zunächst in die Wüste zurück und ging dann hinaus zu den Menschen, um ihnen zu zeigen, wie ein Kind Gottes leben soll. Er erzählte den Leuten von einem neuen Himmel und einer neuen Erde. Er machte sich viele Feinde unter den Schriftgelehrten und rechtgläubigen Juden. Er stellte sich auf die Seite der Zweifler, der Ausgestoßenen und Schwachen. Er war Gottes Sohn und er war, so Dorothee Sölle, *der glücklichste Mensch, der je gelebt hat.*

Augustinus
oder
Die Unruhe des Herzens

Als Aurelius Augustinus, der bedeutende christliche Kirchenlehrer und Ordensgründer, sein berühmtes Buch *Bekenntnisse* schrieb, in welchem er sehr persönlich und selbstkritisch auf sein Leben zurückblickte, da musste er auch an sein nicht gerade rühmliches Verhalten an einem Sommertag des Jahres 371 n. Chr. denken …

Der Birnbaum im Garten

Es war längst dunkel in Tagaste, der Stadt in der römischen Provinz Nordafrika, und einige junge Männer trieben sich immer noch in den Straßen und Gassen herum. Seit Stunden schon waren sie an diesem Sommerabend zusammen, schlugen die Zeit tot und spielten Glücksspiele.

Am auffälligsten benahm sich dabei der junge sechzehnjährige Aurelius Augustinus. Er konnte schnell ausrasten, wenn er einen seiner Kumpane beim Falschspielen erwischte. Betrog er dagegen selbst, fand er nichts dabei und wunderte sich, wenn die anderen sich beschwerten. Augustinus war spielsüchtig, und er konnte es nicht ertragen, wenn er verlor.

Ständig war er auf der Suche nach Mitspielern. Es machte ihn verzweifelt, wenn seine Freunde mal keine Zeit oder keine Lust hatten. Er brauchte den Nervenkitzel und er brauchte ein Publikum und dessen Bewunderung.

Vor Kurzem war Augustinus noch in der Nachbarstadt Madaura gewesen und hatte dort eine weiterführende Schule besucht. Von einem Tag auf den anderen hatten ihn seine Eltern wieder nach Tagaste zurückgeholt. Der Grund war einfach und für Augustinus' Eltern beschämend: Sie hatten die teure Schule in Madaura nicht mehr bezahlen können.

Augustinus' Vater Patricius, ein kleiner Verwaltungsangestellter im Dienste des Römischen Reichs, konnte mit seinem schmalen Gehalt keine großen Sprünge machen, zumal er neben Augustinus noch zwei weitere Kinder hatte, einen Sohn und eine Tochter. Doch Augustinus war sein ganzer Stolz und seine Hoffnung. Die bestmögliche Ausbildung sollte er erhalten. Er sollte es einmal besser haben als seine Eltern. Darum versuchte Patricius alles, um Geld aufzutreiben.

Für Augustinus bedeutete diese Unterbrechung seiner Ausbildung ein Jahr Ferien. Und das war für seine Entwicklung nicht allzu gut. Den ganzen Tag war er unterwegs auf der Suche nach Abwechslung und Vergnügen. Mit seinen sechzehn Jahren war er körperlich schon weit entwickelt und hinter den Mädchen her. Sehr zur Sorge seiner Mutter Monnica, die wegen ihres frühreifen Sohnes schlaflose Nächte verbrachte.

Monnica war bekennende Christin und litt darunter, dass sie mit ihrem Glauben in der Familie alleine stand. Bei ihrem Mann hatte sie schon die Hoffnung aufgegeben, ihn zu bekehren. Aber sie wollte alles dafür tun, um ihren Sohn Augustinus vor einem gottlosen Leben zu retten und ihn auf den rechten Weg des christlichen Glaubens zu bringen.

Augustinus freilich konnte mit den Ansichten seiner Mutter nichts anfangen, und er fand es nur lästig, wenn sie ihn dauernd ermahnte, frommer zu sein und ja kein Verhältnis mit einer verheirateten Frau anzufangen. Er dachte nicht daran, auf seine amourösen Abenteuer zu verzichten, genauso wenig wie auf die Besuche im Theater und die Glücksspiele mit seinen Freunden.

In jener Nacht in Tagaste hatten Augustinus und seine Freunde vom Spielen allerdings genug. Nach Hause wollten sie noch nicht und überlegten daher, was sie noch unternehmen könnten. Augustinus führte seine Freunde zu einem Birnbaum im Nachbargarten seiner Eltern. Es war ein prächtiger Baum und seine Zweige bogen sich nach unten, so schwer hingen die reifen Birnen daran. Die jungen Männer begannen, den Baum zu schütteln, und mussten zur Seite springen, wenn die schweren Birnen herabfielen. Einige stiegen auch auf den Baum, rissen die Birnen von den Ästen und warfen sie nach unten auf die anderen.

Bald hing fast keine Birne mehr am Baum, dafür war

das Gras darunter übersät davon. In die eine oder andere Birne bissen sie hinein und warfen sie dann wieder weg. Schließlich sammelten sie die Birnen in ihren Gewändern und schleppten sie haufenweise weg. Nicht um sie mit nach Hause zu nehmen, sondern um sie Schweinen, die sich in der Nähe in einem Koben wälzten, als Fraß vorzuwerfen. Zufrieden gingen Augustinus und seine Freunde dann nach Hause, und sie malten sich aus, was wohl der Besitzer des Gartens für Augen machen würde, wenn er am nächsten Morgen seinen geplünderten und zerrupften Baum sah.

Die Lust am Bösen

Noch fast dreißig Jahre später, als Augustinus seine *Bekenntnisse* schrieb, hatte er die Sache mit den geklauten Birnen nicht vergessen. Er versuchte zu verstehen, warum es ihm damals so ein Vergnügen bereitet hatte, die Birnen zu stehlen. Sicher nicht, weil er Hunger gehabt hatte. Sein Vater mochte zwar in Geldnot gewesen sein, aber Augustinus hatte zu Hause immer noch genug zu essen bekommen, auch frisches Obst. Die gestohlenen Birnen waren auch keineswegs so süß und saftig gewesen, dass er sie unbedingt hatte haben wollen.

Nein, all das waren nicht die Gründe für sein Verhalten. Er hatte die Birnen einzig und allein deswegen gestohlen, weil es verboten war. Das Verbot hatte eine unwiderstehliche Verlockung auf ihn ausgeübt. Darum war er in den fremden Garten gestiegen, darum hatte er die Früchte von den Ästen gerissen, darum hatte er in einige nur einmal hineingebissen und sie dann haufenweise in den Schweinepferch geworfen.

Aber warum, so fragte sich der erwachsene Augustinus, hatte es ihm solchen Spaß gemacht, etwas Verbotenes zu tun? Weil, so wurde ihm nun klar, er dabei ein Gefühl der Freiheit hatte. Er fühlte sich wie ein kleiner Gott, dem man nichts verbieten kann und der sich einfach über Moral und Vorschriften der anderen hinwegsetzt. Hinzu kam, dass er nicht alleine gewesen war. Alleine hätte er die Birnen wahrscheinlich nicht geklaut. Aber es waren seine Freunde dabei. Und es hatte seinen besonderen Reiz, vor Zeugen, unter Mitwissern, zusammen mit Mittätern etwas Verbotenes zu tun.

Der erwachsene Augustinus wollte den jungen Augustinus verstehen, entschuldigen wollte er ihn nicht. Im Gegenteil. Der Diebstahl war für ihn kein dummer Jungenstreich mehr, sondern eine böse Tat, für die er sich maßlos schämte.

Ebenso hart urteilte Augustinus in seinen *Bekenntnissen* über vieles, was er in seiner Kindheit und Jugend gedacht und getan hatte. Allerdings sah er zurück auf sein Leben mit den Augen eines Mannes, der inzwischen zum überzeugten Christen, ja sogar zum Bischof geworden war. Der gläubige Augustinus konnte es sich nicht mehr vorstellen, dass er einmal so böse und eitel gewesen war. Doch leugnen konnte er es nicht. Er sah es als göttliche Gnade, dass er doch noch sein Seelenheil gefunden hatte.

Er wusste aber auch, dass ihn in seinem Leben noch etwas anderes vorangetrieben hatte. Es war das ständige Suchen nach Wahrheit, der nicht zu beruhigende Zweifel an allen scheinbaren Lösungen, die nie nachlassende Sehnsucht nach Glück und Gewissheit.

Es war diese *Unruhe des Herzens,* die ihn trotz aller Umwege und Sackgassen doch noch zu einem Ziel geführt hatte.

Ein hoffnungsvolles Talent

Als Augustinus im Jahr 354 n. Chr. geboren wurde, hatte sich das Christentum von einer kleinen, bedrohten und oft verfolgten Sekte zu einer Staatsreligion entwickelt. Zu verdanken war das dem römischen Kaiser Konstantin, der die Christen nicht nur geduldet, sondern offen gefördert hatte. Unter seinen Söhnen und Nachfolgern ging die Bevorzugung so weit, dass nun die Christen ihrerseits sehr intolerant mit den anderen Religionen umgingen. Heidnische Tempel wurden zerstört und Nichtchristen ermordet.

Kaiser Julian wollte diese Entwicklung aufhalten und das Christentum wieder zurückdrängen. Doch das blieb nur eine kurze Episode. Der Aufstieg des Christentums war nicht mehr aufzuhalten. Und unter Kaiser Theodosius wurde 380 n. Chr. die katholische Kirche endgültig zur Staatskirche erklärt.

In Augustinus' Kindheit und Jugend war der Kampf

zwischen den alten Göttern und dem jungen Christentum noch in vollem Gange und der Gegensatz wirkte bis hinein in Augustinus' Familie. Der Vater hing noch den heidnischen Kulten an. Die Mutter Monnica war Christin. Sie hätte es sicher gerne gesehen, wenn ihr Sohn christlich erzogen worden wäre. Aber einen Religionsunterricht gab es noch nicht und die Erziehung war ganz auf die antike Tradition ausgerichtet.

Mit sieben Jahren kam Augustinus in die Elementarschule, wo er Lesen, Schreiben und Rechnen lernte. Danach, mit etwa elf Jahren, wurde er zu den sogenannten Grammatikern gegeben, bei denen er die lateinische und griechische Literatur kennenlernte.

Anfangs hasste Augustinus die Schule und wurde von seinen strengen Lehrern oft geschlagen. Doch dann entdeckte er seine Leidenschaft für die Erzählungen eines Homer oder Vergil, etwa über die Belagerung Trojas oder die Irrfahrten des Aeneas. Was waren das für abenteuerliche Geschichten, die einen in ihren Bann zogen! Einmal bekamen die Schüler die Aufgabe, zu einer der Figuren bei Homer eine erfundene Rede zu verfassen. Augustinus ging aus diesem Wettbewerb als Sieger hervor. Er galt nun als Musterschüler und große Hoffnung. Später hat er sich für diesen Erfolg geschämt, als Jugendlicher aber war er stolz auf seine Fähigkeiten und genoss in vollen Zügen die Bewunderung seiner Lehrer und Mitschüler.

Nicht weniger stolz waren die Eltern auf ihren begabten Sohn. Sie hatten sich in den Kopf gesetzt, dass Augustinus ein Rhetor werden soll. Das war ein anerkannter und gut bezahlter Beruf. Ein Rhetor kannte sich in der klassischen Literatur aus und beherrschte die Kunst der Rede, wie sie vor allem bei Politikern und Anwälten gefragt war. Die Ausbildung zum Rhetor war allerdings sehr kostspielig und überstieg die finanziellen Möglichkeiten von Augustinus' Vater. Es gab viele Leute in Tagaste, die wesentlich reicher waren als er und nicht daran dachten, so viel Geld für ihre Kinder auszugeben. Patricius hatte das Geld nicht, aber er fand einen wohlhabenden Freund, der bereit war, ihn zu unterstützen. Vielleicht haben diese Geldsorgen Patricius auch gesundheitlich zugesetzt. Jedenfalls starb er kurze Zeit danach völlig unerwartet.

Das süße Leben in Karthago

Augustinus war damals, als er seinen Vater verlor, siebzehn Jahre alt. Mit Unterstützung des väterlichen Freundes konnte er nun in Karthago seine Ausbildung fortsetzen.

Bald gehörte er in der Rhetorenschule zu den Besten, was ihn aber nicht davon abhielt, das bunte Leben in der Großstadt Karthago in vollen Zügen auszukosten. Im Theater war er Stammgast und auch an anderen Vergnügungsstätten war er oft gesehen. Er lebte, wie er sich im Rückblick erinnerte, in einem *Wirrwarr wüster Liebeshändel* und durchlitt alle Gefühle, die seine kurzen Affären mit sich brachten, von Eifersucht bis Überdruss, von Zorn bis Furcht und Angst.

Er schloss sich einer wilden Gruppe von Studenten an, die sich die »Umstürzler« nannten und abends die Straßen der Stadt unsicher machten. Wie auch in anderen römischen Metropolen betrachteten es diese studentischen Gangs als ihr jugendliches Vorrecht, unter den braven Bürgern Angst und Schrecken zu verbreiten. Sie pöbelten Frauen an, verprügelten harmlose Passanten und demolierten Geschäfte.

Zum guten Ton in diesen Kreisen gehörte es auch, sich eine Konkubine anzuschaffen. Die Frau, die sich Augustinus aussuchte, war für ihn aber offenbar mehr als eine vorübergehende Geliebte. Obwohl eine Heirat nicht infrage kam, wurde sie zu seiner Lebensgefährtin und brachte auch einen Sohn zur Welt, der Adeodatus genannt wurde, »Gottesgeschenk«. Diese Treue zeigte eine andere Seite des Augustinus, eine Seite, die es glaubwürdig erscheinen lässt, wie er später versicherte, dass hinter dem ganzen *Wirrwarr* seines Lebens eine große Sehnsucht steckte, eine Sehnsucht nach etwas, das er nicht benennen und doch nicht zu suchen aufhören konnte.

Als Augustinus nach dreijährigem Studium in sein Elternhaus in Tagaste zurückkehrte, um dort als Rhetorlehrer sein Geld zu verdienen, brachte er seine Frau und seinen Sohn mit. Man kann sich vorstellen, welche Spannungen es zwischen ihm und seiner Mutter, die nun Witwe war, gab. Nicht nur wegen der Geliebten und des unehelichen Sohnes, sondern auch, weil Augustinus der christlichen Welt ferner war denn je. Die frommen Reden seiner Mutter hielt er für *Weibergeschwätz,* und er machte sich lustig über die Heiligen und Propheten, die sie verehrte.

Augustinus' hatte in Karthago die Schriften Ciceros gelesen und bewunderte dessen brillanten Stil und kluge Gedanken. Wie naiv erschienen ihm dagegen die Geschichten der Bibel und wie plump deren Sprache! Augustinus' abfällige Bemerkungen über den christlichen Glauben wurden für seine Mutter so unerträglich, dass sie ihn schließlich aus ihrer Wohnung warf. Kurz darauf nahm sie ihn allerdings wieder auf, was bezeichnend war für das Verhältnis von Mutter und Sohn: So grundverschieden sie über vieles dachten, so tief waren sie doch miteinander verbunden.

Die große Leere und die falschen Lehrer

Seine innige Verbundenheit mit dem Elternhaus blieb bestehen, als Augustinus Tagaste wieder verließ und mit Frau und Kind nach Karthago ging. Mit ausschlaggebend für diesen Entschluss war der Tod seines besten Jugendfreundes, der Augustinus in eine tiefe Krise stürzte. Er hatte jede Lebensfreude verloren, aber vor dem Tod hatte er dennoch die größte Angst. Im Nachhinein erschien ihm der Wegzug nach Karthago wie eine Flucht, eine Flucht vor sich selbst. Dass er aber vor sich selbst nicht davonlaufen konnte, wurde ihm schmerzlich bewusst. In Karthago war er als Lehrer ein großer Star, beliebt und gefeiert. Doch in ihm sah es ganz anders aus. *Wohin mit der gequälten Seele?*, schrieb er. *Nirgendwo ist sie zu Hause.*

Was auch immer Augustinus machte, ob er Musik hörte, gut und reichlich aß und trank, Bücher verschlang oder Frauen liebte – nichts konnte seine innere Leere vertreiben, alles ekelte ihn früher oder später an. *So suchte ich*, erinnerte er sich später, *was ich lieben sollte, und hasste die sichere Ruhe eines Lebensweges, der keinen Fallstrick barg.*

In seiner Not suchte er nach Theorien, die ihm die Welt und ihn selbst erklären sollten. Schließlich bekannte er sich zu den Manichäern, weil die für ihn am überzeugendsten darlegen konnten, woher das Böse in der Welt kommt. Die Manichäer behaupteten nämlich, es gebe ein Reich des Lichtes und ein Reich der Dunkelheit, die gegeneinander kämpfen. Ihre Hoffnung war, dass ein Gott des Lichtes eines Tages die Dunkelheit besiegen und damit die Menschen vom Bösen befreien wird.

Augustinus war fasziniert von dieser Lehre, erlebte er sich doch auch als einen zerrissenen Menschen, in dessen Innern der Wille zum Guten und die Versuchung zum Bösen miteinander im Streit lagen. Allerdings widersprach es auf Dauer seiner eigenen Erfahrung, dass er nur der Schauplatz für den Kampf äußerer Mächte sein sollte. War es nicht vielmehr so, dass er sich selber zum Guten oder Bösen entscheiden musste und konnte? Solche kritischen Fragen waren es, die Augustinus an den Manichäern zweifeln ließen.

Seine Skepsis wurde noch größer durch eine persönliche Enttäuschung. Der berühmte manichäische Lehrer Faustus, den Augustinus verehrt hatte wie einen heiligen Guru, entpuppte sich nun als Windbeutel und Schaumschläger. Faustus behauptete, von einem göttlichen Geist erleuchtet zu sein und dass man darum jedes seiner Worte glauben müsse. Augustinus musste aber feststellen, dass alles, was Faustus über die Sterne, den Mond und die Sonne sagte, den naturwissenschaftlichen Kenntnissen seiner Zeit widersprach. Augustinus war gerne bereit, alles zu glauben, was ihm bei seiner Suche nach Gott und sich selbst weiterhalf. Aber er wollte nicht so eitel und verbohrt sein, einfach über offensichtliche Irrtümer hinwegzusehen. Die Manichäer hatten ihn enttäuscht. Die Suche ging weiter.

Flucht vor der Mutter

Er war nun schon neunundzwanzig Jahre alt und mit seiner beruflichen Situation unzufrieden. Seine Studenten in Karthago waren undiszipliniert und prellten ihn oft um sein Gehalt. Freunde rieten ihm, in die Hauptstadt Rom umzusiedeln, wo ihm eine steile Karriere sicher sei. Augustinus ließ sich überreden. War es wieder eine Flucht? Jedenfalls hätte er sich damit dem Einfluss seiner Mutter entzogen. Und das wollte sie nicht zulassen. Weinend und klagend lief sie ihm bis zum Hafen nach und wollte ihn an der Abfahrt hindern oder ihn dazu bewegen, sie mitzunehmen. Es kam zu einer dramatischen Szene: Augustinus gab vor, bei einem nahen Freund warten zu wollen, bis der Wind zur Abfahrt günstig sei. Seine Mutter konnte er überreden, in einer Herberge am Hafen zu übernachten. Mitten in der Nacht schlich er sich dann aufs Schiff und fuhr heimlich davon.

Monnica war verzweifelt. Aber sie dachte nicht daran, ihren Sohn aufzugeben. Als sie hörte, dass er nur kurze Zeit in Rom bleiben würde und in Mailand eine Stelle erhielt, reiste sie ihm dorthin nach. Augustinus schickte seine Mutter nicht weg. Im Gegenteil, er duldete es, dass sie nun seinen Haushalt führte und in seinem Leben wieder die Regie übernahm. Monnica wollte ihn dazu bewegen, nun endlich ein ehrbares Leben zu führen und seinem Stand gemäß zu heiraten. Sie hatte sogar schon eine Braut aus reichem Haus für ihn gefunden. Das Mädchen war zwar erst zwölf Jahre alt, aber in zwei Jahren würde es nach allgemeiner Sitte ehefähig sein. Augustinus war einverstanden und trennte sich von seiner langjährigen Freundin, der Mutter seines Sohnes Adeodatus. Die Zeit bis zur Vermählung war ihm allerdings zu lang und er nahm sich bis dahin eine neue Freundin.

Monnica war damit noch nicht zufrieden. Es war ihr sehnlichster Wunsch, dass ihr Sohn sich noch zu ihren Lebzeiten zum Christentum bekehrte. Augustinus hätte ihr gern den Gefallen getan, aber er konnte sich doch nicht zu einem Glauben bekennen, der ihm innerlich fremd war. Er konnte doch nicht eine Lehre bejahen, die ihm völlig absurd erschien! Und ganz unvorstellbar war für ihn, dass Gott von einer Frau geboren worden war und einen Körper gehabt hatte wie andere Menschen.

Für Augustinus war es wichtig, gedanklich zu verstehen, woran er glauben sollte. Darum studierte er auch die griechischen Philosophen wie Platon und Plotin. Er musste jedoch zugeben, dass ihn diese Studien nicht glücklicher gemacht hatten. Einmal sah er auf der Gasse einen betrunkenen Bettler, der lachte und seine Späßchen machte. Augustinus beneidete diesen Bettler, der zwar arm und dumm war, aber doch fröhlich und zufrieden. Und er, Augustinus, war wohlhabend und gebildet und trotzdem kreuzunglücklich. Was hatte ihm seine Gelehrsamkeit gebracht? Nicht einmal die einfache Lebensfreude des Bettlers hatte er damit gewonnen.

Keine Frage des Willens

Liebend gern wäre er Christ geworden, wenn er dadurch auch so kindlich glücklich werden würde wie der Bettler. Inzwischen kannte er auch Christen, die diese Ausstrahlung hatten. Allen voran der Bischof Ambrosius in Mailand. Dessen Predigten hörte er gerne, bekehren aber konnten sie ihn nicht. Und der Entschluss allein reichte nicht aus. Es war wie verhext: Wenn er wollte, dass seine Hand sich bewegte, tat sie es im gleichen Augenblick. Aber wenn er wollte, dass sein Leben sich änderte, ging es nicht. So vieles sperrte sich dagegen. Es war wie bei Alepsius, dem zu dieser Zeit besten Freund von Augustinus. Der war leidenschaftlich gerne zu den Gladiatorenspielen in den Zirkus gegangen, bis er sich schwor, damit aufzuhören. Als Freunde ihn wieder in den Zirkus schleppten, saß er da mit zugekniffenen Augen, mit dem festen Vorsatz, stark zu bleiben und sich nicht verführen zu lassen. Doch kaum hörte er das aufgeregte Geschrei des Publikums, musste er die Augen öffnen und gebannt auf das Gemetzel in der Arena schauen.

Ebenso ging es Augustinus. Auch wenn er sich noch so sehr vornahm, mit dem Theater, den Frauen und dem süßen Leben Schluss zu machen – er schaffte es nicht. Irgendetwas in ihm wehrte sich dagegen. Irgendetwas in ihm wollte nicht, dass er auf die Dinge verzichtete, von denen er doch wusste, dass sie ihm schaden und ihn vom richtigen Leben abhalten. Zum entscheidenden Durchbruch war er nicht in der Lage. Oder er wollte ihn nicht, schob die Entscheidung Tag für Tag vor sich her, indem er zu sich sagte: *Morgen bestimmt* oder: *Gleich, sogleich, lasst mich nur noch ein wenig*. Aber am nächsten Tag war es wieder dasselbe und das »Gleich« kam nie.

Im Garten der Herberge

In diesem Zustand befand sich Augustinus, als eines Tages ein afrikanischer Offizier zu Besuch in die Herberge in Mailand kam, wo er zusammen mit seiner Mutter und Freunden wie Alepsius wohnte. Dieser Soldat erzählte nun von einem Freund, den die Geschichte von einem christlichen Einsiedler dazu bewegt hatte, augenblicklich sein Leben zu ändern und dem Vorbild dieses heiligen Mannes zu folgen. Augustinus wurde von dieser Erzählung so aufgewühlt, dass er Alepsius anschrie: *Hast du das gehört? Die Ungelehrten stehen auf und reißen an sich den Himmel, und wir mit unserer Weisheit ohne Herz, sieh, wie sind wir tief in Blut und Fleisch verstrickt!*

Und in höchster Erregung rannte er hinaus in den kleinen Garten der Herberge, um in seiner Verzweiflung allein zu sein. Alepsius folgte ihm und setzte sich neben ihn, um ihn zu beruhigen.

Doch Augustinus ließ sich nicht beruhigen. Er weinte und schrie wie ein Tobsüchtiger. Unerträglich erschien es ihm, weiter in dieser Zerrissenheit zu leben. Unerträglich jener mörderische Kampf in seinem Innern. Und doch konnte er diesen Kampf nicht mit einem einfachen Entschluss beenden. Die lieb gewonnenen Gewohnheiten meldeten sich wieder und flüsterten ihm zu: *Willst du uns wegschicken? Dann darfst du von heut an dies und jenes nimmer tun, in alle Ewigkeit nicht! Glaubst du, dass du wirst leben können ohne sie?* Nicht abstellen ließen sich diese Stimmen und machten Augustinus schier wahnsinnig. Er stand auf, ging weg von Alepsius und warf sich unter einem Feigenbaum weinend auf die Erde.

Da plötzlich hörte er aus dem Nachbarhaus eine Kinderstimme, die immer wieder sagte: »Nimm und lies! Nimm und lies!«

Augustinus dachte zuerst, dass das Kind mit einem Spiel beschäftigt sei, zu dem diese Worte gehörten. Erst langsam dämmerte ihm, dass sie als Fingerzeig gemeint sein konnten. Er ging zurück zu Alepsius, nahm das Buch mit den Briefen des Apostels Paulus, das er dort hatte liegen lassen, schlug es auf und las eine Stelle aus dem *Römerbrief*.

Sogleich breitete sich eine große Ruhe und Zuversicht in ihm aus und Augustinus wusste, dass etwas Entscheidendes mit ihm passiert war. Sofort ging er in die Herberge, um seiner Mutter davon zu berichten.

Das Erlebnis im Garten der Herberge führte zu einer radikalen Wende in Augustinus' Leben. Er sagte die geplante Hochzeit ab und zog sich mit Freunden in eine klosterähnliche Lebensgemeinschaft nach Cassiciacum am Comer See zurück.

Nach dieser Zeit der Besinnung und des Philosophierens kehrte er nach Mailand zurück, gab seinen Beruf auf und ließ sich 387 in der Osternacht zusammen mit seinem Sohn Adeodatus und seinem Freund Alepsius taufen. Bald darauf starben sein Sohn und seine Mutter. Augustinus kehrte in seine Heimat Afrika zurück, wo er den väterlichen Besitz verkaufte, den Erlös an die Armen verschenkte und ein Kloster gründete.

Jahre später ließ er sich zum Priester weihen und wurde zum Bischof der nordafrikanischen Stadt Hippo

Regius gewählt. Im Jahr 430 starb Aurelius Augustinus, mit sechsundsiebzig Jahren. Er gilt heute als der überragende Theologe und Philosoph der christlichen Spätantike und als »Lehrer der Christenheit«.

Francesco
oder
Der Mut zur Armut

Francesco Bernardone, den heute alle Welt als Franz von Assisi kennt, ist eine der bekanntesten und verehrtesten Gestalten in der Geschichte des Christentums. Dabei wird oft vergessen, dass dieser Heilige lange Zeit ein Leben in Luxus und Verschwendung geführt hat und nicht daran dachte, sich gegen die beruflichen Pläne zu wehren, die sein Vater für ihn hatte.

Francesco, nicht Giovanni

Der Name, den ein Mensch hat, gehört untrennbar zu ihm. Und wenn Eltern sich für einen Namen für ihr Kind entscheiden, verbinden sie damit auch Erwartungen. Diese Erwartungen gingen in der Familie Bernardone offenbar weit auseinander. Als im Jahr 1181 oder 1182 die Frau des Tuchhändlers Bernardone, die alle Pica nannten, in der kleinen italienischen Stadt Assisi einen Sohn zur Welt brachte, ließ sie ihn auf den Namen Giovanni taufen, nach Johannes dem Täufer. Die fromme Frau Pica hatte das alleine entschieden, denn ihr Mann war auf

Geschäftsreise in Frankreich. Als er nach Assisi zurückkam, war er ziemlich verärgert über diese Namenswahl und entschied, dass sein erstgeborener Sohn nicht Giovanni, sondern Francesco heißen solle. Das bedeutete so viel wie »der kleine Franzose« und war für einen italienischen Jungen doch ein sehr ungewöhnlicher Name.

Dem stolzen Vater war das egal. Er liebte Frankreich, wo es die besten und wertvollsten Stoffe gab und wo er immer gute Geschäfte gemacht hatte. Und vermutlich stellte er sich vor, wie ihn sein Stammhalter auf seinen Geschäftsreisen begleitet oder hinter dem Ladentisch steht und die kostbaren Stoffe an wohlhabende Kunden verkauft.

Pietro Bernardone war ein reicher Mann. Er war einer jener selbstbewussten Bürger, die sich immer mehr neben den Adligen und dem Klerus behaupteten. Als Bürger genoss er keine besonderen Privilegien oder vererbbare Rechte, aber sein großer Trumpf war sein wirtschaftlicher Erfolg, der ihm Ansehen und Einfluss verschaffte. Freilich hatte dieser Erfolg auch seine Schattenseiten. Ende des zwölften Jahrhunderts lebte ein Drittel der Bevölkerung in Armut, ein großer Teil davon in tiefem Elend.

Von diesem Elend bekam der junge Francesco Bernardone nicht viel mit. Er wuchs auf in behüteten Verhältnissen in einem großen Haus in der Nähe der Piazza del Comune. Von seiner Mutter lernte er viele Lieder, sein Vater brachte ihm bei, wie man ein guter Geschäftsmann wird. Dazu brauchte er keine große Bildung. Es genügte, wenn man einigermaßen Schreiben und Rechnen konnte. Das war schon viel in einer Zeit, da die meisten Menschen Analphabeten waren und natürlich auch die in Latein geschriebene Bibel nicht lesen konnten.

Der große Traum

Mit etwa neun Jahren ging Francesco in die nahe gelegene Kirche St. Georg, wo in einem Nebenraum die Kinder von den Priestern unterrichtet wurden. Ein besonders guter Schüler scheint der kleine Bernardone nicht gewesen zu sein. Die Briefe, die er als Erwachsener schrieb, waren oft gespickt mit Fehlern, und man kann verstehen, warum er das Schreiben lieber anderen überließ. Er selbst sah sich als einen »idiota«, als einen, der ungebildet war und sich mit dem Lesen und Schreiben schwertat.

Mehr als die lateinische Grammatik, die er in St. Georg lernen musste, faszinierte ihn wohl das Fresko an der Wand der Kirche. Darauf war der heilige Georg als ein strahlender Ritter zu sehen, wie er mit seiner Lanze einen Drachen durchbohrt. Francesco konnte die Geschichte vom Drachentöter Georg nicht oft genug hören, und wahrscheinlich träumte er damals schon davon, einmal ein Ritter zu werden. Niemand in seiner Umgebung dachte daran, sich über seine Träume lustig zu machen oder Francesco für einen Spinner zu halten. Dazu war Francesco ein viel zu liebenswerter Junge, dem man seine Fantasien gerne ließ. Ohnehin stand fest, dass er in die

Fußstapfen seines Vaters treten und Tuchhändler werden würde.

Sobald Francesco alt genug war, nahm ihn sein Vater mit auf eine Geschäftsreise nach Frankreich. Unter dem Schutz bewaffneter Männer zogen sie in die Provence und weiter die Rhône entlang, und Francesco sah und hörte aufmerksam zu, wenn sein Vater mit Händlern feilschte und mit geübtem Blick gute von schlechter Ware unterschied. Im Gegensatz zu seinem Vater hatte aber Francesco auch Augen und Ohren für andere Dinge als Tücher, Preise und Stofffarben. Ganz hingerissen war er von den Gauklern und Sängern, die wie freie Vögel durchs Land zogen und die Leute mit ihren Liedern unterhielten. Überall brachten sie Lebenslust und Poesie in den Alltag. Francesco versuchte, sich die Melodien einzuprägen und sich die schmachtenden Reime zu merken. Wie bei den Minnesängern dieser Zeit handelten sie meist von einer schönen Frau, die der Sänger aus der Ferne anbetete. Für eine Geliebte war Francesco noch zu jung, aber die Lieder dieser Lebenskünstler entfachten seine eigene Sehnsucht, die in eine unbestimmte Ferne ging und von der er nicht wusste, wohin sie ihn führen wollte.

Ob Francesco auf seiner Reise auch jene anderen Heimatlosen gesehen hat, die nicht so bunt gekleidet und so lustig waren wie die Gaukler und Troubadoure, sondern nur grobe Kutten anhatten und ihr Essen erbettelten? Diese »guten Leute«, wie sie genannt wurden, waren nicht arm aus Not, sondern weil sie arm sein wollten. Mit ihrer Armut protestierten sie gegen eine Kirche, die ihrer Meinung nach in Prunk und Luxus lebte und die ursprüngliche Botschaft des Jesus von Nazareth vergessen hatte. Leute wie die Katharer oder Waldenser verzichteten bewusst auf jeden Besitz, um allein aus der Liebe Gottes zu leben. Von der offiziellen Kirche wurden sie freilich misstrauisch beobachtet, und es dauerte nicht mehr lange, bis sie auf Befehl des Papstes gnadenlos verfolgt und vernichtet wurden.

Für den jungen Francesco müssen diese armen Gottesleute ein Rätsel gewesen sein. Kannte er aus Assisi doch nur Geistliche, die gebildet waren, von allen mit Hochachtung behandelt wurden und in schönen Kirchenbauten lebten. Der Bischof Guido von Assisi residierte sogar in einem Palast und trug in der Öffentlichkeit ein kostbares Ornat. Und wie konnten diese Bettelmönche von Liebe reden und dann ein so armseliges Leben führen? Francesco liebte das Leben. Er liebte es, schöne Kleider zu tragen. Er liebte es, mit seinen Freunden rauschende Feste zu feiern, zu tanzen und zu singen.

Andererseits war er auch ein seriöser Geschäftsmann. Schon mit vierzehn Jahren wurde er in die Tuchhändlerzunft aufgenommen. Er kaufte auf den Märkten rund um Assisi selbstständig Stoffe ein und bediente im väterlichen Geschäft fachmännisch die wohlhabenden Kunden. Nach der Arbeit war er freilich wieder der lebenslustige Spaßmacher und charmante Unterhalter, der nächtelang durchfeiern konnte und seinen Träumen nachhing – vor allem seinem Traum, einmal ein Ritter zu werden.

Ein Playboy zieht in den Krieg

Francesco war zwanzig Jahre alt, als sein Traum in Erfüllung ging. Anlass war eine kriegerische Auseinandersetzung mit der verfeindeten Nachbarstadt Perugia. In dem ewigen Machtstreit zwischen dem Papst und dem Kaiser stand Perugia auf der Seite des Papstes. Assisis Bürger wollten unabhängig sein. Sie hatten im Jahr 1200 die Festung des Herzogs von Spoleto, die oberhalb der Stadt lag, gestürmt und alle kaisertreuen Adligen vertrieben. Diese waren nach Perugia geflüchtet und wollten nun gemeinsam mit dem Erzfeind Rache üben für das erlittene Unrecht. Es hatte schon mehrere kleinere Scharmützel gegeben, aber nun, am 12. Dezember 1202 sollte die große Schlacht stattfinden.

Ganz Assisi war auf den Beinen. Alle Glocken läuteten. Die Leute drängten sich an den Fenstern und in den Gassen, um den bewaffneten Kriegern zuzujubeln. Die Banner der einzelnen Stadtviertel wurden stolz vorausgetragen. Dahinter ragten lange Lanzen in die Luft, manche Männer hatten auch nur einen Knüppel oder einen verrosteten Säbel in der Hand. Die Armee versammelte sich auf dem Platz vor der Kathedrale, wo ein feierlicher Gottesdienst abgehalten wurde. Zum Schluss segnete der Priester die Männer, damit Gott mit ihnen sei im Kampf gegen die verhasste Nachbarstadt Perugia.

Unter dem Schall von Trompeten und dem Jubel der Einwohner marschierten die Krieger durch steile Gassen den Hügel hinab, auf dem Assisi erbaut war. Allen voran ritten die Edelleute auf ihren festlich geschmückten Pferden. Unter ihnen war Francesco Bernardone. Er war zwar kein Edelmann, trug aber so prächtige Kleider wie diese und hätte alles dafür getan, zu den Edelleuten zu zählen.

Die Streitmacht aus Assisi musste noch zwei Stunden lang durch die Ebene ziehen, bis sie den Tiber erreichte, der die Grenze zu Perugia bildete. Auf der Höhe von Collestrade wollten sie den Feind erwarten. Auf dem Weg dorthin lag ein verfallenes Gebäude, das Aussätzigen als Unterschlupf diente. Francesco war schon oft hier vorbeigekommen und hatte sich jedes Mal die Nase zugehalten. Vor nichts ekelte er sich so sehr wie vor diesen bestialisch stinkenden Gestalten in dreckigen Fetzen mit ihren zerfressenen Gesichtern und ihren von Ausschlägen und eitrigen Ekzemen übersäten Körpern. Immerhin hatten ihn diese Vogelscheuchen einmal zu einer genialen Idee inspiriert. Er hatte wertvolle Stoffe und schäbige Lumpen zu einem Mantel zusammengenäht und damit eine ganz neue Mode geschaffen. Seine Kreation hatte damals viel Aufsehen erregt und er war von seinen jungen Freunden für seine Fantasie bewundert worden.

Zum Kampf kam es schneller als erwartet. Kaum standen sich die feindlichen Lager gegenüber, schon griff die Armee aus Perugia mit voller Wucht an. Bald war klar, dass die Männer aus Assisi keine Chance hatten. Als es dunkel wurde, war für Assisi die Schlacht verloren. Das Fußvolk flüchtete ins Tal oder in die Wälder. Doch die Peruginer kannten keine Gnade. Sie verfolgten die Flüchtenden und metzelten sie grausam nieder. Der Fluss soll vom Blut der Erschlagenen rot gefärbt gewesen sein. Nur die vornehmen Reiter wurden verschont, weil man für sie Lösegeld verlangen konnte. Das war Francescos Glück. Auch er wurde für einen Adligen gehalten und mit den anderen ins Gefängnis nach Perugia gebracht. Dort saßen sie nun in einem dunklen, feuchten Verlies und warteten auf die Befreiung.

Die Gefangenen waren niedergeschlagen. Sie waren besiegt und gedemütigt worden und nun dem Erzfeind ausgeliefert. Nur Francesco Bernardone hatte offenbar sein sonniges Gemüt nicht verloren. Manchem seiner Mitgefangenen ging diese ewige gute Laune auf die Nerven, und einer fragte Francesco einmal gereizt, wie er denn in einer solchen Situation noch so heiter sein könne. »Ich freue mich«, soll Francesco geantwortet haben, »weil ich eines Tages in der ganzen Welt als ein Heiliger verehrt werde.« Über diese Antwort werden seine Freunde herzlich gelacht haben. Francesco wollte doch bisher immer ein Ritter und Kriegsheld sein – und nun plötzlich ein Heiliger! Gerade er, der verwöhnte Tuchhändlersohn, der in Saus und Braus lebt und das Tanzen und Singen so liebt!

Der Spaßmacher fällt aus der Rolle

Es dauerte über ein Jahr, bis die Gefangenen freigelassen wurden. Francesco kehrte als kranker Mann in seine Heimatstadt zurück. Doch schon bald nahm er sein altes Leben wieder auf: Er half im Laden seines Vaters und in seiner Freizeit zog er mit seinen Freunden durch die Straßen Assisis und veranstaltete üppige Festessen, bei denen er seine Gäste großzügig aushielt. »Er wurde von allen bewundert«, so berichtet es Thomas von Celano, ein Zeitgenosse Francescos, »und in der Gier nach leerem Ruhm suchte er alle zu übertreffen.« Sein Vater Pietro ärgerte sich oft über Francescos Freigebigkeit. An diese Verschwendung konnte er sich einfach nicht gewöhnen. Insgeheim gefiel es ihm aber doch, wenn Francesco zeigte, wie wohlhabend die Familie war und dass sie den Adligen an Luxus und Pracht in nichts nachstand.

Francesco blieb der König der Jugend in Assisi. Auch seinen Traum von einem Leben als Ritter hatte er nicht vergessen. Und als eines Tages ein Edelmann aus Assisi sich dem Heer anschließen wollte, das sich zu einem Kreuzzug in das Heilige Land sammelte, wollte Francesco unbedingt dabei sein. Er redete so lange auf seinen Vater ein, bis der ihm versprach, für ihn eine sündhaft teure Ritterrüstung anfertigen zu lassen.

Nicht lange danach saß Francesco tatsächlich auf seinem Pferd in einer glänzenden Rüstung und ritt mit dem Edelmann zur Stadt hinaus. Wochen später kam er wieder zurück, ohne Rüstung.

Was war geschehen?

War ihm Gott im Traum erschienen, wie es eine Legende berichtet? Oder war er nur krank geworden? Vielleicht hatte man ihn einfach zurückgeschickt, weil man einen schwächlichen, kampfunerfahrenen Mann nicht gebrauchen konnte.

Man weiß es nicht. Weder seine Zeitgenossen noch moderne Historiker haben ergründen können, was genau Francesco während der Wochen seiner Abwesenheit erlebt haben mag. Seine Freunde jedenfalls waren froh, dass Francesco wieder zu Hause war, denn ohne ihn waren die Feste in Assisi nicht mehr so fröhlich und ausgelassen. Francesco schien der Alte geblieben zu sein, jedenfalls benahm er sich so. Bis zu jenem Sommerabend im Jahr 1204 oder 1205, an dem sich alles änderte.

Francesco, inzwischen etwa Mitte zwanzig, hatte wieder ein großes Festessen gegeben. Danach zog die ganze Gesellschaft wie immer betrunken durch die Stadt, Francesco in ihrer Mitte mit einem Zepter in der Hand als Zeichen dafür, dass er der König des Abends war. Auf den Plätzen hielten sie an und sangen lauthals Trinklieder. Als die Schar wieder weiterzog, merkte sie erst nach einiger Zeit, dass Francesco ihnen nicht gefolgt war. Einige gingen zurück, um zu sehen, was mit ihm los war. Francesco stand wie angewurzelt mitten auf der Straße, mit offenen Augen, als würde er träumen.

»He, Francesco«, sprachen sie ihn an, »was ist mit dir? Woran denkst du? Denkst du vielleicht an eine Frau, die du heiraten willst?«

Auf diese Frage hin schien er aufzuwachen, und er erwiderte: *»Ja, ich werde die edelste, die reichste, die schönste Dame, die man je gesehen hat, zur Frau haben.«*

Seine Freunde klopften Francesco lachend auf die Schulter und zogen ihn mit sich fort. Sie merkten nicht, dass ihr Freund ein anderer geworden war.

Ein Kuss, der alles verändert

Seit diesem Zwischenfall benahm Francesco sich seltsam. Wenn er zu Hause den Tisch deckte, legte er viel mehr Brot als nötig zurecht. Auf die Frage seiner Mutter, für wen das viele Brot sei, antwortete er, es sei für den Fall, dass ein Armer an die Tür klopfe. An die Armen dachte er nun mehr als an seine Freunde, die ihn oft vergeblich abholen wollten.

Statt wilde Feste zu feiern, unternahm er nun eine Wallfahrt nach Rom. Dort soll er mit einem der Bettler, die massenhaft auf den Plätzen herumlagen, die Kleider getauscht haben, um für ein paar Stunden selbst ein Bettler zu sein. Als er dann nach seiner Rückkehr durch den Wald ritt und ihm ein Aussätziger begegnete, hielt er sich nicht mehr die Nase zu und suchte auch nicht das Weite. Im Gegenteil, er stieg vom Pferd, ging auf die zerlumpte Gestalt zu und küsste sie auf das faulige Fleisch.

Dieser Kuss war für Francesco Bernardone ein »Jubelsprung in die Freiheit«, so nannte es im zwanzigsten Jahrhundert die Theologin Dorothee Sölle. Seine Sehnsucht hatte ihr Ziel gefunden, allerdings ein ganz anderes, als er sich ausgemalt hatte. Kein strahlender und bewunderter Ritter wollte er werden, sondern ein wehrloser und besitzloser Bettler. Was er vorher für prächtig und erstrebenswert gehalten hatte, das kam ihm nun erbärmlich vor. Wovor er sich bisher geekelt hatte, das erschien ihm nun als »süß«. Francesco sah nun mit großer Klarheit, dass er sich mit allem, was ihm bisher so wichtig gewesen war, gepanzert hatte wie mit einer Rüstung. Das prächtige Haus, die teuren Kleider, das viele Geld, die Freunde und Feiern – mit alledem hatte er sich schützen wollen vor Krankheit, Armut und Einsamkeit.

Gegen die Zerbrechlichkeit und Todesverfallenheit des menschlichen Lebens gibt es aber, das erkannte er jetzt, keinen Schutz. Worauf allein der Mensch vertrauen kann, ist die göttliche Liebe. Francesco hatte diese Liebe erfahren. Auf sie allein wollte er sich nun verlassen und alles Überflüssige, alle scheinbaren Sicherheiten wegwerfen, also keine Vorsorge mehr, kein Haus mehr, kein Geld, keine Macht und Ämter. Nichts mehr sollte zwischen ihm und Christus stehen. So nackt und wehrlos wie der Christus am Kreuz wollte er nun selber werden. Besitz, so meinte er, trenne nicht nur von Gott, sondern sei auch der Grund für den Unfrieden zwischen den Menschen: *Wenn wir Eigentum hätten, bräuchten wir auch Waffen zu unserer Verteidigung. Denn darauf kommen alle Streitigkeiten und Händel, unter denen die Liebe zu Gott und zu den Mitmenschen so oft leidet.*

Wurde aus dem fröhlichen Lebemann nun ein ernster Asket? Nein, keineswegs. Francesco behielt seine Lebensfreude, nur wurde sie eine andere. Sie wurde tiefer, sie war nun keine Freude mehr an bestimmten Dingen, sondern eher eine Freude, die aus dem Inneren kam und die ausstrahlte auf alles, was ihn umgab.

Im ersten Überschwang seiner inneren Verwandlung ritt Francesco nach Hause in das Geschäft seines Vaters, raffte einige Ballen Stoff zusammen und verkaufte die

Ware auf einem nahe gelegenen Markt. Mit dem Geld eilte er zur Kirche von San Damiano und erklärte dem verdutzten Priester, dass er das Geld für die Wiederherstellung der heruntergekommenen Kirche verschenken wolle. Das habe ihm Christus aufgetragen. Der alte Mann, der Francesco kannte, traute der Sache aber nicht. Vielleicht erschien ihm Francesco zu überdreht, vielleicht fürchtete er, dass er Schwierigkeiten mit dem alten Bernardone bekommen würde. Jedenfalls lehnte er das Geschenk ab und Francesco warf den Beutel mit dem Geld verächtlich in eine Fensternische.

Eine Schande für die Familie

Inzwischen hatte sich im Hause Bernardone herumgesprochen, was passiert war. Pietro Bernardone war außer sich, als er erfuhr, was Francesco gemacht hatte. An die Eskapaden seines Sohnes war er ja gewöhnt und er hatte sie mit einem gewissen Stolz unterstützt. Aber dass Francesco nun einfach wertvolle Tuchballen entwendete und verscherbelte, um das Geld zu verschenken, das ging zu weit. Weiß Gott, was in seinen Sohn, den er doch liebte, gefahren war. Er musste Francesco finden, bevor er noch mehr Unheil anrichtete. Pietro Bernardone alarmierte Freunde und Nachbarn, um nach Francesco zu suchen. Der aber blieb verschwunden. Nur ein Freund wusste, dass er sich aus Angst vor seinem Vater in einer Höhle versteckt hatte.

Fast einen Monat blieb er in seinem Versteck. So lange brauchte er, um den Mut zu sammeln, nach Assisi zu gehen und sich seinem Vater zu stellen.

Aber wie sah er aus! Francesco Bernardone, der immer den größten Wert auf ein gepflegtes Äußeres und schöne Kleider gelegt hatte, war kaum wiederzuerkennen, so zerlumpt, abgezehrt und verdreckt war er. Nicht lange war es her, dass er als stolzer Ritter aus Assisi aufgebrochen war. Und nun kam er wie ein abgerissener Landstreicher in die Stadt. Kleine Kinder liefen neben ihm her, zeigten lachend mit dem Finger auf ihn und riefen: »Un pazzo! Un pazzo!« – ein Idiot, ein Spinner. Leute, die den Sohn des Bernardone erkannten und wussten, was er seinem Vater angetan hatte, beschimpften ihn als »Verrückten« und warfen mit Steinen und Dreck nach ihm.

Pietro Bernardone war in seiner Tuchhandlung beschäftigt, als er die aufgeregten Schreie von der Straße hörte. Er eilte hinaus, dorthin, von wo die Rufe »Verrückter« und »Francesco« zu hören waren. In einer Gasse drängten sich die Leute. Pietro Bernardone bahnte sich einen Weg durch die Menge, bis er vor einem Bettler in verstaubten Kleidern und mit verwildertem Bart stand. Als er Francesco erkannte, überkam ihn ohnmächtige Wut. Sein Sohn, den er doch liebte, für den er alles getan hatte, machte sich zum Gespött der Leute. Er packte ihn, schlug ein paarmal blind auf ihn ein und zerrte ihn an den Haaren weg. Vorbei an den verlegenen Angestellten und an seiner weinenden Frau Pica zog er

Francesco hinter sich her ins Haus und warf ihn in die dunkelste Kammer.

Pietro Bernardone brauchte lange, um sich zu beruhigen. Dann ging er in die Kammer, um mit seinem Sohn zu reden. Mit eindringlichen Worten wollte er ihn wieder zur Vernunft bringen. Doch dieser undankbare Sohn blieb stur und sagte nur immer, dass er sein Leben ändern und nun arm und besitzlos sein wolle. Seinen Vater brachten solche Worte wieder so in Rage, dass er alle guten Vorsätze vergaß und auf seinen Sohn einschlug, als wollte er den Teufel aus ihm herausprügeln.

Wer weiß, wie das Ganze ausgegangen wäre, wenn sich nicht eines Abends leise die Tür der Kammer geöffnet hätte. Es war Pica, die nicht mehr tatenlos zusehen konnte und ihren Sohn befreien wollte. Francesco schlich sich aus dem Haus. Was sich Pica von ihrem Mann anhören musste, kann man sich denken.

Ein anderer Vater

Pietro Bernardone hatte es aufgegeben, Francesco wieder zurückzugewinnen. Für ihn war sein Sohn verloren und väterliche Gefühle verbot er sich ab jetzt. Doch er wollte seinen Sohn nicht so leicht davonkommen lassen und ihn deshalb behandeln wie einen gewöhnlichen Dieb und Schuldner. Bei den Konsuln der Stadt klagte er ihn des Diebstahls an und wollte, dass Francesco auf sein Erbe verzichtete. Die hohen Herren schickten einen Boten zu

Francesco, um ihn vorzuladen. Doch der weigerte sich. Er sei nun ein freier Mann, sagte er dem Boten, und unterstehe keinem weltlichen Gericht mehr.

Als Pietro Bernardone das hörte, wandte er sich an den Bischof von Assisi. Dieser Bischof Guido hatte auch Francescos Vertrauen. Der Geistliche beruhigte ihn und meinte, er solle keine Angst vor seinem Vater haben und ihm das Geld zurückgeben. Francesco willigte ein.

Das Treffen von Vater und Sohn Bernardone fand am 10. April 1206 auf dem Platz Santa Maria Maggiore vor dem Bischofspalast statt. Viele Schaulustige waren versammelt. Francesco war in Begleitung des Bischofs gekommen und stand nun seinem Vater gegenüber. Er gab ihm den Beutel mit dem Geld, das er für die entwendeten Stoffe bekommen hatte und das der Priester von San Damiano nicht annehmen wollte. Pietro Bernardone nahm den Beutel mit eisiger Miene entgegen und wartete wahrscheinlich auf eine Entschuldigung oder ein paar erklärende Worte. Doch Francesco sagte nichts, sondern begann stattdessen, sich auszuziehen. Ein Kleidungsstück nach dem anderen legte er ab und warf es seinem Vater vor die Füße, bis er ganz nackt vor ihm stand. *Hört alle her!*, sprach er dann. *Bis jetzt habe ich Pietro Bernardone meinen Vater genannt; aber weil ich mir vorgenommen habe, Gott zu dienen, gebe ich jenem das Geld zurück, das er von mir verlangt hat, und dazu noch sämtliche Kleider, die ebenfalls sein Besitz sind. In Zukunft will ich sagen: Unser Vater, der du bist im Himmel, und nicht: Vater Pietro Bernardone.*

Pietro Bernardone nahm die Kleider und ging weg. Der Bischof bedeckte den nackten Francesco mit seinem Mantel.

Francesco Bernardone ging den Weg einer radikalen Armut. Viele schlossen sich ihm an, die auf die gleiche Weise leben wollten wie er. Schon zu Lebzeiten wurde Francesco als Heiliger verehrt und aus der kleinen Gruppe Gleichgesinnter wurde eine mächtige Bewegung und schließlich ein eigener Orden, der Orden der Franziskaner.

Francesco wollte immer nur ein armer Bettler und ein *Narr Gottes* bleiben. Als er, der sich als Junge so sehr gewünscht hatte, ein Ritter zu werden, mit vierundvierzig Jahren im Sterben lag, hatte er keinen anderen Wunsch, als dass man ihn nackt auf den kalten Boden der Portiuncula-Kirche nahe Assisi lege.

Kurz vor seinem Ende ließ er sich von seinen Brüdern ein Lied vorsingen, dass er selbst gedichtet hatte, als er schon schwer krank war. Es ist ein Lob auf die Schöpfung, das später als »Sonnenlied« berühmt wurde:

»[...]
Gelobt seist du, mein Herr, mit allen deinen Geschöpfen,
Besonders Herrn Bruder Sonne;
Der ist Tag, und du gibst uns Licht durch ihn,
Und schön ist er und strahlend mit großem Glanze;
Von dir, Höchster, gibt er Eindruck.
Gepriesen seist du, mein Herr, für Schwester Mond und die Sterne:

Am Himmel hast du sie geschaffen, hell, kostbar und schön.
Gelobt seist du, mein Herr, für Bruder Wind
Und für Luft und Wolke und heiteres und jedes Wetter,
Durch das du deinen Geschöpfen Erhaltung gibst.
Gelobt seist du, mein Herr, für Schwester Wasser,
Die gar nützlich ist und bescheiden und kostbar und keusch.
Gelobt seist du, mein Herr, für Bruder Feuer,
Durch den du die Nacht erleuchtest,
Und er ist schön und erfreulich und stark und kräftig.
Gelobt seist du, mein Herr, für unsere Schwester Mutter Erde,
Die uns erhält und leitet
Und mannigfache Früchte hervorbringt und bunte Blumen und Kräuter.
Gelobt seist du, mein Herr, für die, welche vergeben um deiner Liebe willen,
Und die Krankheit und Trübsal ertragen;
Selig, die sie in Frieden ertragen werden,
Denn von dir, Höchster, werden sie gekrönt werden.
Gepriesen seist du, mein Herr, für unsere Schwester leiblichen Tod,
Vor der kein lebender Mensch entrinnen kann.
Weh denen, die in Todsünden sterben!
Selig, die sie in deinem allerheiligsten Willen findet,
Denn der zweite Tod wird ihnen nichts anhaben.«

Elisabeth von Thüringen
oder
Von der natürlichen Demut

Über das Leben der Elisabeth von Thüringen weiß man relativ gut Bescheid. Schon kurz nach ihrem Tod wurden im Zuge ihrer Heiligsprechung sechshundert Zeugen befragt. Die meisten dieser Auskünfte waren wertlos, weil sie mehr verklärten als erklärten. Aber über hundert gelten bis heute als glaubwürdig.

Aus den Berichten, Zeugnissen, Erinnerungen ergibt sich das Bild einer jungen Frau, die zeit ihres Lebens von einer erstaunlichen Charakterstärke war. Aus den überlieferten Quellen wird aber auch deutlich, dass ihre Glaubensgewissheit und Frömmigkeit allein für Elisabeth nicht ausreichend waren. Stets musste sie gegen die Widerstände ihrer adligen Umwelt ankämpfen, um ein Leben nach ihren Grundsätzen führen zu können. Erst als sie den Mut fand, ihr privilegiertes Leben hinter sich zu lassen, konnte sie gemäß ihren Überzeugungen handeln. Aus der frommen Fürstin wurde eine tatkräftige Menschenfreundin, die sich über alle Konventionen ihrer Klasse hinwegsetzte.

Die ungarische Prinzessin

Etwa zu der gleichen Zeit, als Francesco und seine Freunde in einer verfallenen Waldkapelle eine neue Gemeinschaft der Armut gründeten, zog auf einer Heerstraße nördlich der Alpen eine Wagenkolonne von Ungarn nach Thüringen. Der Tross wurde von vornehmen Rittern und Edelleuten begleitet und bewaffnete Knechte sorgten für seine Sicherheit. Das war nötig, denn viele der Wagen waren beladen mit wertvollen Schätzen, mit goldenen und silbernen Bechern, kostbaren Seidenstoffen, diamantbesetztem Schmuck und Kisten voller Geld. Sogar eine Badewanne aus purem Silber war darunter. Das alles gehörte zur Mitgift eines jungen Mädchens, das in einem der Wagen neben einer adligen Dame und zwei Priestern saß.

Das Mädchen hieß Elisabeth, war erst vier Jahre alt und die Tochter des ungarischen Königs Andreas II. und seiner Frau Gertrud von Andechs-Meran. Elisabeth wurde zu ihrem zukünftigen Ehemann gebracht, dem Sohn des Landgrafen Hermann I. von Thüringen, der auch Hermann hieß und fast zehn Jahre älter war als sie. Diese Verbindung war schon kurz nach der Geburt Elisabeths beschlossen worden. Solche Abmachungen unter den Fürstenhäusern waren üblich, sie dienten dazu, politische Verbindungen zu knüpfen und Machtbereiche auszuweiten. Im Frühjahr 1211 war eine Delegation des thüringischen Landgrafen losgeschickt worden, um das Mädchen aus ihrer Heimat auf die Wartburg zu holen, wo sie von nun an leben sollte.

Elisabeth wurde in Eisenach, wo das Schloss des Landgrafen und die Wartburg lagen, freundlich empfangen. In einem feierlichen Akt wurden sie und Hermann in ein Bett gelegt, zum Zeichen dafür, dass sie einander versprochen waren. Aber natürlich betrachteten sich die beiden Kinder nicht als Verlobte. Hermann war für Elisabeth ein »lieber Bruder«, genauso wie die anderen Söhne des Landgrafen, Heinrich, Konrad und Ludwig. Und umgekehrt hatten die Jungen nun neben der schönen Agnes, der Tochter des Landgrafen, eine zweite Schwester. Die schwarzhaarige und dunkeläugige Elisabeth gehörte ab jetzt zur Familie, und im Zusammenleben auf der Burg lernte sie, wie sich die Kinder eines Landgrafen benehmen sollten und was man von ihnen in Zukunft erwartete.

Auf der Wartburg

Der Landgraf Hermann selber war in dieser Hinsicht kein gutes Vorbild. Bei seiner Vereidigung zum Ritter hatte er zwar geschworen, ein gottgefälliges Leben zu führen, davon merkte man aber in seinem Verhalten wenig. Wenn es um den Erhalt seiner Macht ging, schreckte er vor keiner Gewalttat zurück. Er soll sogar eigenhändig Gefangene gefoltert und getötet haben. Seine Verbündeten wechselte Hermann häufig, je nachdem, von wem er sich mehr Vorteile erhoffte oder mehr Geld bekam. Und Geld brauchte der Landgraf – für seine Feldzüge, den

Ausbau seiner Burgen und für seinen kostspieligen Lebensstil.

Hermann liebte es zu feiern und er umgab sich gerne mit Dichtern und Sängern. Zur Zeit von Elisabeths Geburt soll auf der Wartburg ein großer Sängerwettstreit stattgefunden haben. Berühmte Minnesänger wie Wolfram von Eschenbach oder Walther von der Vogelweide waren oft Gast auf der Wartburg. Sie lobten in ihren Liedern die Großzügigkeit ihres Förderers, aber nicht alles, was sie auf der Wartburg erlebten, gefiel ihnen. Wolfram meinte einmal, dass unter dem Gesinde Hermanns viel »Gesindel« sei. Und Walther riet jedem, der empfindliche Ohren habe, den Hof von Thüringen zu meiden. »Denn wenn er dorthin kommt«, so schrieb er, »wird er wahrhaftig verrückt. Ich habe mich dort ins Gedränge gemischt, bis ich es satthatte. Die Scharen kommen und gehen Tag und Nacht. Man muss sich wundern, dass da jemand noch hören kann. Der Landgraf ist so gesinnt, dass er mit stolzen Helden, von denen jeder ein Kämpfer sein könnte, seine Habe verprasst.«

Während oben, im festlich erleuchteten Schloss, die Nächte durchgefeiert wurden, hungerten und froren unten, in Eisenach und Umgebung, die Bauern und Handwerker in ihren Hütten. Sie mussten den aufwendigen Lebensstil ihres Landgrafen bezahlen. Hermann war gnadenlos, wenn es darum ging, die hohen Steuern einzutreiben. Die Menschen nahmen es hin. So war die Welt eingerichtet, und niemand dachte selbst im Traum daran, diese Ordnung infrage zu stellen.

Junge Ritter und kleine Hofdamen

Zu dieser Ordnung gehörte es auch, dass die Chancen auf Bildung sehr unterschiedlich waren. Die Töchter adliger Familien wurden oft ins Kloster geschickt, die Söhne konnten manchmal sogar eine der neu gegründeten Universitäten besuchen, in Bologna oder Paris. Die Kinder von Bauern oder Handwerkern sahen dagegen selten eine Schule von innen. Immerhin hatte die Kirche im Jahre 1179 auf einem Konzil gefordert, dass auch die Kinder von armen Eltern die Gelegenheit haben müssen, etwas zu lernen. So nahmen nun Klöster mitunter auch weltliche Schüler auf, und in kleinen Dörfern gab es Pfarr- oder Küsterschulen, wo den Kindern Lesen und Schreiben beigebracht wurde, nicht in ihrer Volkssprache, sondern im Lateinischen, der Sprache der Bibel.

Um die Kinder auf den Burgen kümmerten sich natürlich eigene Lehrer, das waren meistens Pfarrer oder Mönche. Auf eine tiefere Bildung wurde allerdings kein Wert gelegt. Die Jungen lernten ein wenig Latein und Französisch und die Grundlagen des christlichen Glaubens. Viel wichtiger war es für sie, auf ihre späteren Aufgaben als Ritter vorbereitet zu werden. Sehr früh wurden sie darin geübt, wie man reitet, mit Pfeil und Bogen und mit einer Armbrust umgeht und mit Falken jagt.

Wie bei den adligen Jungen war auch bei den Mädchen die Kindheit eine relativ kurze Zeit. Schon mit zwölf Jahren galten sie als heiratsfähig und bis dahin mussten sie für ein Leben als Ehefrau und Hofdame gerüstet sein. Zur

Vorbereitung gehörte auch eine geistige Bildung. Sie lernten, wie man Gedichte schreibt, Musik macht und wie man sich in vornehmer Gesellschaft verhält.

Viele Stunden am Tag verbrachten sie damit, Seidenstickereien anzufertigen oder Wandteppiche mit biblischen Motiven zu knüpfen. Die Vorlagen dafür hatten sie aus den sogenannten Psalterien, eine Art Bilderbücher, in denen Geschichten aus der Bibel erzählt und bildlich dargestellt wurden. Elisabeth besaß ein eigenes Psalterium. Sie hatte es von ihrer Stiefmutter, der Landgräfin Sophie, geschenkt bekommen.

Eine Frömmigkeit aus Erfahrung

Bei Elisabeth fielen diese Geschichten auf fruchtbaren Boden. Sie zeigte nämlich schon sehr früh eine religiöse Begabung, die man in der mittelalterlichen Theologie eine »Erkenntnis Gottes aus der Erfahrung« nannte. Damit war eine Frömmigkeit gemeint, die nicht durch Bücher und Lehrer vermittelt ist, sondern aus dem lebendigen Umgang mit Menschen und der Welt erwächst. Dass diese Frömmigkeit Elisabeths echt und nicht aufgesetzt war, dafür spricht, dass sie sich scheute, sie nach außen zu zeigen. Ein adliges Mädchen namens Guda, die damals Elisabeths beste Freundin und Dienerin war, berichtete später, wie Elisabeth sich Tricks hat einfallen lassen, um sich heimlich von den Kinderspielen zurückzuziehen. Und wenn sie mit den anderen Kindern in den verwinkelten Gängen und Höfen der Burg Verstecken spielte, nutzte sie die Gelegenheit, um schnell in die Kapelle zu springen oder wenigstens deren Tür zu berühren. Manchmal machte sie den Vorschlag, sich auf den Boden zu legen, um zu messen, wer die Größte sei, nur um für kurze Zeit diese Haltung der Demut einzunehmen.

Elisabeths Demut entsprang offenbar ihrem Bedürfnis, sich zurückzunehmen, sich einzuschränken. Diese Bescheidenheit schloss nicht aus, dass Elisabeth ihre Begabungen und Fähigkeiten zeigen wollte, allerdings nie auf Kosten der anderen. So hatte sie immer den Ehrgeiz, bei den Spielen der Kinder Erste zu sein, aber wenn sie dann einen Preis gewann, war es für sie selbstverständlich, mit den anderen zu teilen.

Elisabeth muss ein fröhliches und ausgelassenes Mädchen gewesen sein, das in ihrem Bewegungsdrang kaum zu bändigen war und auch gerne tanzte. Typisch war für sie aber wiederum, dass sie bei den Tanzfesten aufhörte, wenn es am schönsten war. Sie tat das nicht verbissen oder weil sie hoffte, bewundert zu werden, wenn sie sich eine Freude versagte. Der Verzicht geschah ganz freiwillig und ohne Hintergedanken und tat ihrer Lebensfreude keinen Abbruch. Ihre Fröhlichkeit half ihr darüber hinweg, dass sie fern der Heimat war und in ihrem neuen Zuhause schwere Zeiten durchmachen musste.

Als sie sechs Jahre alt gewesen war, hatte man ihr mitgeteilt, dass ihre Mutter tot sei. Ob man ihr auch gesagt hatte, dass sie keines natürlichen Todes gestorben, sondern ermordet worden war? Gertrud, die Königin von Ungarn, hatte durch ihre Machtgier eine Revolte heraufbeschworen, der sie schließlich selbst zum Opfer gefallen war. Der Tod der Mutter im fernen Ungarn verschlechterte die Lage von Elisabeth in Thüringen. Der Familie des Landgrafen war aus Ungarn noch weiteres Geld versprochen worden. Darauf musste man nun verzichten und das ließ man die kleine Elisabeth auch spüren.

Noch schlimmer wurde die Lage für sie, als drei Jahre später Hermann, ihr versprochener Ehemann, plötzlich starb. Viele Verwandte des Landgrafen waren dafür, Elisabeth zu ihrem Vater nach Ungarn zurückzuschicken. Der Nächste in der Erbfolge war nun Hermanns Bruder Ludwig, er konnte sich eine neue Braut suchen und damit wieder eine satte Mitgift einfahren und neuen politischen Einfluss gewinnen. Abgesehen von diesen Vorteilen, gab es in der Verwandtschaft des Landgrafen viele Leute, die Elisabeth gerne loswerden wollten. Sie passte nicht in deren Bild von einer zukünftigen Landgräfin. Dazu war sie zu lebhaft und zu wenig auf ihren Stand bedacht. Man fand es unmöglich, dass Elisabeth mit Mägden umging wie mit ihresgleichen und sich auch noch von ihnen duzen ließ. Außerdem verrichtete sie niedere Arbeiten und legte keinen Wert auf Schmuck und schöne Kleider, sodass auch ihre Stiefmutter einmal meinte, Elisabeth passe besser zu den Mägden als in die Welt der Fürsten.

Eheglück und Gottesliebe

Wahrscheinlich wäre Elisabeth wirklich nach Ungarn zurückgeschickt worden, wenn nicht einer dies verhindert und zu ihr gestanden hätte. Es war Ludwig, der zweitälteste Sohn des Landgrafen und nach dessen Tod, im Frühjahr 1217, sein Nachfolger. Für Ludwig war Elisabeth mehr als eine »liebe Schwester«. Seinem Vertrauten, dem Ritter Walther von Varila, gestand er, dass ihm Elisabeth das Liebste auf der Welt sei und er sie nicht für einen Berg Gold hergeben würde. Gegen allen Widerstand seiner Verwandtschaft heiratete Ludwig Elisabeth im Sommer 1221 in der Georgenkirche zu Eisenach und machte sie dadurch zur Landgräfin. Ludwig war zwanzig Jahre alt, Elisabeth dreizehn.

In fürstlichen Kreisen wurden damals Ehen meistens aus politischen Gründen geschlossen. Ob die Partner zueinander passten, war dabei nebensächlich. Nach allem, was man von der Ehe Ludwigs mit Elisabeth weiß, war es eine wirkliche Liebesheirat. Auch für Elisabeth war Ludwig ihr Ein und Alles. Fast unerträglich war es für sie, wenn Ludwig verreisen musste. Oft begleitete sie ihn auf kleineren Reisen und ließ sich dabei nicht von Regen, Schnee und schlammigen Wegen abhalten.

Wenn Ludwig alleine unterwegs gewesen war, lief sie ihm bei der Rückkehr entgegen und empfing ihn, wie ein Zeitzeuge berichtet, ohne Rücksicht auf seine Begleiter mit tausend Küssen. Ludwig brachte ihr auch jedes Mal etwas mit, ein Bild, Handschuhe oder ein Kettchen.

Elisabeth gefiel es, sich für Ludwig schön zu machen, doch wenn sie getrennt waren, legte sie die wertvollen Kleider und allen Schmuck ab und kam daher wie eine Nonne.

Ludwig war beileibe kein Heiliger. Wie sein Vater unternahm er blutige Feldzüge, um seine Macht zu erweitern. Er wurde sogar von der Kirche gebannt, weil er den Erzbischof von Mainz überfallen und dessen Gebiet verwüstet hatte. Andererseits war Ludwig ein treuer und liebevoller Ehemann, der zu seiner Frau hielt und sie vor den Anfeindungen und Intrigen am Hofe schützte. Im Schutz dieser Liebe konnte Elisabeth ihr bedürfnisloses, frommes Leben führen, kam aber immer wieder in Konflikt mit den Pflichten als Landesfürstin.

Der Dominikanermönch Dietrich von Apolda berichtet, wie Elisabeth einmal festlich gekleidet und mit großem Gefolge von der Wartburg hinab nach Eisenach ging, um dort an einer Messe teilzunehmen. In der Kirche fiel ihr Blick auf ein Kreuz. Und der Kontrast zwischen dem nackten und dornengekrönten Gottessohn und ihrem eigenen pompösen Aussehen mit einer goldenen Krone auf dem Kopf war ihr so unerträglich, dass sie ohnmächtig wurde und aus der Kirche getragen werden musste. Von da an vermied Elisabeth jeden Schmuck und verschenkte viele Kleider, sodass sie sich nicht einmal mehr bei großen Empfängen passend anziehen konnte.

Eine unmögliche Fürstin

Zum Entsetzen der Hofgesellschaft begann Elisabeth, kranke und arme Leute mit auf die Wartburg zu nehmen, um sie zu pflegen. Das war für die Hofdamen ein ungeheurer Skandal und auch eine Anmaßung. Waren doch auch sie fromm und gläubig und stiegen manchmal hinunter nach Eisenach, um unter den Armen Almosen verteilen zu lassen. Dass aber jemand diese Leute mit in die eigenen vier Wände nahm und sogar anfasste, das ging zu weit. Noch nie zuvor hatte eine Frau von Rang und Besitz sich so unwürdig benommen und so taktlos gegen alle Gesetze von Sitte und Anstand verstoßen.

Ludwig verteidigte seine Frau weiterhin gegen alle Angriffe. Er nahm es sogar hin, dass er ab und zu ausgehungerte und übel riechende Gestalten in seinem Bett vorfand. Viel Schlaf fand er sowieso nicht mehr, weil Elisabeth nachts öfter aufstand, um zu beten und ihre Bußübungen zu machen. Sie wollte ihren Ehemann nicht stören und hatte ihre Bediensteten angewiesen, sie zu bestimmten Zeiten an der Zehe zu ziehen, um sie zu wecken. Die Dienerin Isentrud, die später von diesem Ereignis berichtete, war wohl selber noch nicht ganz wach, als sie versehentlich an Ludwigs Zehe herumzog und ihn weckte. Er nahm es gelassen und schlief weiter.

Ludwig bewunderte seine Frau, weil sie so konsequent ihre Ideale verwirklichte und dabei auch sehr tatkräftig auftreten konnte. Am überzeugendsten stellte sie das unter Beweis, als im Jahre 1226 in Thüringen eine Hungersnot herrschte und Ludwig auf Reisen war. Die Not der Menschen war so groß, dass sie in den Wäldern umherstreiften, um nach Wurzeln, Kräutern, Fröschen und Schlangen zu suchen, sie fielen sogar über Pferde, Hunde und Katzen her.

Die neunzehnjährige Elisabeth zögerte angesichts dieser Zustände nicht lange und ließ die Getreidevorräte des Landgrafen verteilen, aber nur in solchen Mengen, dass es für möglichst viele Menschen reichte. Darüber hinaus versorgte sie die Bauern mit Werkzeug, damit sie ihre Felder wieder bebauen und sich selbst ernähren konnten. Diese Verbindung von Barmherzigkeit und kluger, tätiger Nächstenliebe hat dazu geführt, dass man Elisabeth später die »Erfinderin der produktiven Erwerbslosenfürsorge« genannt hat.

Zu dieser Fürsorge gehörte auch, dass Elisabeth am Fuße der Wartburg ein Hospital einrichten ließ, in das die Ärmsten der Armen aufgenommen wurden. Ihre Dienerin und Freundin Isentrud erzählte später, dass Elisabeth mehrmals am Tag zu diesem Krankenhaus hinabstieg und selbst bei der Pflege der Kranken half. Keine Arbeit war ihr dabei zu dreckig, keine Krankheit zu widerlich. Ähnlich wie bei Franz von Assisi hatte sich mit ihr eine Verwandlung vollzogen. Alles, was Menschen normalerweise wichtig und erstrebenswert finden wie Geld, Besitz oder Ansehen, galt ihr nichts oder wenig. Umgekehrt übernahm sie ganz unerschrocken Aufgaben, denen andere aus dem Wege gingen, weil sie dadurch mit Elend, Krankheit und Tod in Berührung kamen.

Elisabeth wollte aber nicht eine privilegierte Hofdame sein, die ab und zu milde Gaben verteilt. Sie wollte ein Leben führen, das nicht mitschuldig wird an den Nöten der breiten Bevölkerung. Das war natürlich bei ihrem Rang und im Feudalsystem des Mittelalters fast unmöglich. Elisabeth hat es trotzdem versucht. Bei Tisch verteilte sie die Speisen und tat so, als würde sie mitessen. Tatsächlich aber erkundigte sie sich immer erst genau, woher die Lebensmittel stammten, und sie rührte nichts an, was die Beamten von den Bauern eingetrieben hatten oder was von Gütern kam, die mit hohen Steuern belastet waren. Mit gutem Gewissen aß sie nur, was auf den Feldern und in den Gärten ihres Mannes gewachsen und nicht mit Unrecht verbunden war. So hungerte sie oft tagelang oder ernährte sich nur von kleinen Bissen und ein wenig Wein.

Der dunkle Mönch

Elisabeth hielt sich an diese Speisevorschriften mit ausdrücklicher Zustimmung ihres Beichtvaters, den sie wegen seiner asketischen Lebensweise verehrte, den sie aber auch fürchtete wie niemand anderen.

Konrad von Marburg, so sein Name, war für Elisabeth so etwas wie ein Seelenführer oder, wie man heute sagen würde, ein Guru. Allerdings war er eine recht zwielichtige Gestalt.

Dieser Mönch mit den scharfen Gesichtszügen lebte

völlig bedürfnislos und reiste durchs Land, um in hitzigen Predigten gegen Ketzer und Ungläubige zu kämpfen. Für Reinhold Schneider, einen katholischen Schriftsteller des zwanzigsten Jahrhunderts, verkörpert dieser Konrad von Marburg die dunkle Seite des Christentums. Nach allem, was man von ihm weiß, bedeutete für ihn Glaube Leid und Selbstverleugnung. Von der Haltung einer Elisabeth, für die Glaube in erster Linie Erlaubnis und nicht Verbot, Dankbarkeit und nicht Schuld bedeutete, hat er anscheinend wenig verstanden. Seine Anordnungen zielten darauf ab, Elisabeths Willen zu brechen, und er verlangte von ihr, sich von allem zu trennen, was ihr lieb und teuer war, um nicht von weltlichen Bedürfnissen abgelenkt zu werden. Wenn sie Konrads Anweisungen nicht genau befolgte, scheute er sich nicht, sie eigenhändig zu schlagen.

Konrad von Marburg war auch ein eifriger Verfechter der Kreuzzüge. Zwei hatten schon stattgefunden. Und 1212 war sogar ein Heer aus Kindern aufgebrochen, um das Heilige Land von den Heiden zu befreien. Dieser Kinderkreuzzug endete in einer Tragödie. Ein Teil der Kinder verschwand auf den Weltmeeren, ein anderer wurde auf den Sklavenmärkten in Ägypten und Tunesien verkauft. Ein Jahr nach dieser Katastrophe rief Papst Innozenz zu einem neuen Kreuzzug auf, und Kaiser Friedrich II. begann 1227, ein riesiges Heer aufzustellen.

Als Elisabeth eines Abends Ludwigs Kleider aufräumte, entdeckte sie darin ein Kreuz. Das war ein gewaltiger Schock, denn dieses Kreuz bedeutete, dass auch ihr

Ehemann aufgefordert worden war, am Kreuzzug teilzunehmen. Elisabeth war damals schwanger und war bereits Mutter von zwei Kindern, einem Jungen und einem Mädchen.

Als Ende Juni 1227 der Tag des Abschieds kam, begleitete Elisabeth ihren Mann auf dem ersten Teil der Reise und schob ihre Rückkehr immer wieder hinaus, bis sie nicht mehr zu vermeiden war. Sie kehrte in die Wartburg zurück und zog Trauerkleider an. Nur wenige Monate später erhielt sie die Nachricht von Ludwigs Tod. Er war nicht über Italien hinausgekommen. Im Hafen von Otranto, wo sein Schiff auslaufen sollte, war er krank geworden und kurz darauf gestorben. Als man Elisabeth die traurige Nachricht mitteilte, soll sie hemmungslos schreiend und »wie von Sinnen« durch die Gänge und Zimmer gerannt sein.

Fröhlich und traurig

Mit Ludwig hatte Elisabeth nicht nur ihren geliebten Ehemann, sondern auch ihren Beschützer verloren. Sie war nun den Angriffen und Verleumdungen der Hofgesellschaft wehrlos ausgesetzt, und man verlangte von ihr, dass sie sich endlich so benehmen solle, wie es sich für die Witwe eines Landgrafen gehöre. Doch Elisabeth wollte und konnte ihre Lebensweise nicht ändern. Der Druck auf sie wurde anscheinend so groß, dass sie schließlich von der Wartburg fliehen musste.

An einem kalten Winterabend stieg Elisabeth mit ihren drei Kindern hinab nach Eisenach und fand Unterschlupf im Abstellraum eines Schankwirtes. Sie wusste nicht, an wen sie sich wenden sollte, denn von den Menschen ihres Standes wurde sie nun selbst behandelt wie eine Aussätzige. »Vonseiten der Mächtigen des Landes«, so erzählte Isentrud später, »erfuhr sie Schmähungen, Lästerungen und große Verachtung, sodass ihre Verwandten sie vielfach kränkten, verleumdeten und sie weder sehen noch sprechen mochten, weil sie ihnen wegen des Verzichts auf irdische Reichtümer töricht und verrückt vorkam.« Elisabeths Lage wurde so schlimm, dass sie sogar gezwungen war, ihre Kinder wegzugeben.

Ihre hiesigen Angehörigen störten sich auch daran, dass Elisabeth trotz dieser Schicksalsschläge immer heiter und zufrieden war, und sie warfen ihr vor, dass sie ihren Mann zu schnell vergessen und nicht genug um ihn getrauert habe. In der Tat war Elisabeths Fröhlichkeit ihr hervorstechendstes Merkmal, das alle, die in ihrer Nähe lebten, bezeugten. Offenbar konnte sie merkwürdigerweise auch fröhlich sein, wenn sie traurig war. Und umgekehrt: »Wenn Elisabeth besonders fröhlich war«, so erinnerte sich eine Freundin, »dann weinte sie am meisten. Das erscheint tatsächlich seltsam: froh sein und gleichzeitig weinen.« In solchen Zuständen war sie manchmal wie entrückt und nicht ansprechbar. Wenn sie dann nachher gefragt wurde, was mit ihr geschehen sei, soll sie geantwortet haben: *Was ich da gesehen habe, das mitzuteilen geht nicht an.*

Die Flucht aus der Wartburg war für Elisabeth kein Abstieg, sondern der endgültige Bruch mit einer Welt, der sie schon längst nicht mehr angehörte. Nun war sie wirklich frei, auch wenn das bedeutete, dass sie wie eine Verrückte behandelt wurde, in kalten Löchern hauste und sich ihr Essen oft erbetteln musste. Elisabeth wählte bewusst die Armut und wollte in Zukunft auf jedes Privileg verzichten. Das Angebot ihres Vaters, wieder nach Ungarn zurückzukehren, lehnte sie ebenso entschieden ab wie den Versuch des Bischofs von Bamberg, sie wieder zu verheiraten. Lieber wolle sie sich die Nase abschneiden, so meinte sie, als noch einmal zu heiraten. Auf Drängen ihres Beichtvaters Konrad hin bestand sie zwar auf ihrem Witwengeld und Teilen ihrer Mitgift, aber nur, um alles zu verschenken. Ihren eigenen Lebensunterhalt verdiente sie sich durch das Spinnen von Wolle, die ihr vom Kloster Altenberg geschickt wurde.

Eine verrückte Heilige

Konrad war es auch, der sie nach Marburg, in seine Nähe holte, wahrscheinlich um sie besser unter Kontrolle zu halten. Elisabeths radikale Armut war ihm nämlich nicht geheuer. Er wollte sie vor sich selber schützen, vor allem weil sie so bedenkenlos alles verschenkte und sich so völlig unvorsichtig um Leute mit ansteckenden Krankheiten kümmerte. Konrad konnte aber nicht verhindern, dass sie in Marburg in einem alten Gutshof wieder ein Hospital einrichtete und persönlich die schwersten Fälle, von denen sich alle fernhielten, pflegte.

Obwohl sie offenbar keine besondere Begabung für Hauswirtschaft hatte und eine schlechte Köchin war, kochte, spülte und wusch sie, scheuerte Böden, badete und verband Kranke und versorgte mit besonderer Hingabe Aussätzige und Kinder, die von Hautkrankheiten befallen waren. Es war wohl nur eine Frage der Zeit, wann sie mit dieser aufreibenden Arbeit ihre eigene Gesundheit ruinierte. Im Herbst 1231 wurde Elisabeth krank und nur zwei Wochen später, in der Nacht vom 16. auf den 17. November, starb sie, erst vierundzwanzig Jahre alt.

Nach Elisabeths Tod wurde ihr Grab zu einer Wallfahrtsstätte. Der Mönch Cäsarius von Heisterbach berichtet, wie von überall her Scharen von Blinden und Lahmen, Tauben und Aussätzigen nach Marburg kamen, um geheilt zu werden. Zugleich setzten Bemühungen ein, Elisabeth heiligsprechen zu lassen. Allen voran war es Konrad von Marburg, der eifrig Zeugnisse für diese Heiligkeit sammelte. Er erlebte aber den Erfolg seiner Bemühungen nicht mehr. Im Jahr 1233 wurde er auf offener Straße erschlagen.

Im Mai 1235, nur dreieinhalb Jahre nach ihrem Tod, wurde Elisabeth von Thüringen von Papst Gregor IX. heiliggesprochen. Zu diesem Anlass versammelte sich in Marburg eine riesige Menschenmenge, darunter Erzbischöfe, Bischöfe und Adlige aus Ungarn und Deutschland. Auch der Kaiser Friedrich II. war dabei, als der Leichnam Elisabeths aus ihrem Grab gehoben und auf einen Altar gelegt wurde. Noch im gleichen Jahr wurde mit dem Bau der Elisabethkirche begonnen, wo die Heilige aufbewahrt werden sollte. Seither gilt Elisabeth als die Nationalheilige Deutschlands.

Im Jahr 2007 wurde der achthundertste Geburtstag Elisabeths gefeiert. An den Orten ihres Lebens fanden Ausstellungen, Feiern, Gedenkveranstaltungen statt. Die Zeitungen sprachen von einem »Elisabeth-Fieber«. Bei aller Verehrung, die man ihr immer noch entgegenbringt, darf nicht vergessen werden, dass Elisabeth gerade von Menschen ihres Standes verachtet und für verrückt erklärt worden war.

Offenbar werden Heilige, solange sie leben, durchaus nicht als heilig empfunden. Und wenn sie dann tot sind und ihre Besonderheit erkannt wird, gelten sie als Menschen, die zwar bewundernswerte, aber unerreichbare Vorbilder sind. Leicht machen wir sie zu Übermenschen – vielleicht nur, damit sie uns möglichst unähnlich sind und wir sie nicht mit uns vergleichen oder ihnen gar nachstreben müssen.

Heiligkeit bedeutet aber nicht überirdische Makellosigkeit. Sie umfasst alle Seiten einer Persönlichkeit und schließt banale Alltäglichkeit, Fehler und Charakterschwächen nicht aus. Vor allem aber wollen Heilige keine nur erbaulichen Vorbilder sein. Ihr Leben ist immer auch ein Aufruf zum Handeln – selbst wenn dies nur eingeschränkt, unter den ungünstigen Bedingungen einer »Wartburg« möglich ist. Es gibt ein richtiges Leben im falschen.

Nach Mechthild von Magdeburg, einer Mystikerin aus dem 13. Jahrhundert, zeichnete sich Elisabeths Leben dadurch aus, dass sie nach einer Sendung lebte, einer Sendung, die sie zu verwirklichen suchte und die uns auch heute noch dazu auffordert, nicht gedankenlos über die Erde zu gehen, um zum Ende selbst nicht zu wissen, warum wir eigentlich gelebt haben.

Teresa von Avila
oder
Der lebenslange Lockruf

Im September 1970 wurde die heilige Teresa von Avila von Papst Paulus VI. in einem feierlichen Akt als erste Frau zur »Lehrerin des geistlichen Lebens« ernannt. Mit dieser Auszeichnung würdigte der Papst die sehr intensiven spirituellen Erfahrungen, die Teresa gemacht und über die sie in mehreren Büchern berichtet hat. Diese Erfahrungen werden gemeinhin »mystisch« genannt. Teresa von Avila sprach lieber von einem *Lockruf,* der einen Menschen in sein Inneres zieht. Dieser Ruf kann so sanft und leise sein, dass man ihn leicht überhört.

Teresa hat diesen *Lockruf* lange Zeit nicht gehört oder ihn vielleicht auch nicht hören wollen. Sie ist anderen Stimmen gefolgt. Aber auch auf den Irrwegen, die sie gegangen ist, wurde sie angetrieben von einem großen »Sehnen«, und sie hatte es ihrer Beharrlichkeit zu verdanken, dass diese Sehnsucht sie schließlich doch noch dazu gebracht hat, den *Lockruf* zu hören und ihm zu folgen.

Bücher und ihre Wirkung

An einem Märztag des Jahres 1522 wollten zwei Kinder endlich ihren Traum verwirklichen. In der Morgendämmerung schlichen sich die siebenjährige Teresa de Cepeda y Ahumada und ihr vier Jahre älterer Bruder Rodrigo heimlich aus dem Haus ihrer Eltern in der südspanischen Stadt Avila. Beide hatten einen Wanderstab in der Hand, wie Pilger ihn benutzten, und die kleine Teresita hatte einen Korb mit ein wenig Brot dabei. Durch die menschenleeren Straßen gingen die Kinder durch das südliche Stadttor und stiegen hinab zu der schmalen Steinbrücke, die über den Rio Adaja führte.

Als sie die Straße nach Salamanca einschlugen, wurden sie von einem Onkel aufgehalten, der zufällig um diese frühe Stunde unterwegs war. Die kleine Teresa erklärte ihm, dass sie in das Land der Mauren wandern wollten, um dort von den Ungläubigen geköpft zu werden und so als Märtyrer in den Himmel zu kommen. Teresa und Rodrigo waren sich darüber im Klaren gewesen, dass das größte Hindernis für ihre Pläne ihre Eltern sein würden. Nicht damit gerechnet hatten sie, dass ihnen nun dieser Onkel im Weg stehen würde. Er ließ sie nicht weiterziehen, sondern brachte sie nach Hause zurück.

Dort war die Aufregung groß, und nach und nach klärte sich auf, was die Kinder auf diese verrückte Idee gebracht hatte. Teresa und Rodrigo hatten zu viele Bücher über Heilige und Märtyrer gelesen und wollten unbedingt deren Beispiel folgen. Tief beeindruckt waren sie von der Vorstellung, dass ein Märtyrer in den Himmel kommt und ein Ungläubiger in die Hölle, und beides auf ewig. Besonders dieses Wort hatte sie in seinen Bann gezogen, und wenn sie darüber sprachen, wiederholten sie es immer wieder ehrfürchtig wie eine magische Formel: »Auf ewig, ewig, ewig!«

Teresa wollte schnellstmöglich in den ewigen Himmel kommen, um die versprochenen unbeschreiblichen Wohltaten und Geschenke zu empfangen, und dazu war es eben notwendig, in das Land der Ungläubigen zu gehen, um dort geköpft zu werden. Das hatte nun der Onkel verhindert, und die Kinder mussten sich damit begnügen, im Garten ihres Hauses wacklige Steinhäuser zu bauen und Eremit zu spielen.

Teresas Vater wird über die Wirkung der geistlichen Lektüre bei seinen Kindern erschrocken gewesen sein, vor allem weil er es war, der ihnen die Bücher gegeben hatte. Don Alonso Sanchez de Cepeda, wie er mit vollem Namen hieß, war ein reicher und frommer Mann, der viel Wert darauf legte, dass seine Kinder schon früh christlich erzogen wurden. Vielleicht wollte er auch einen Makel in seiner Herkunft verdecken. Sein Vater war nämlich ein Jude gewesen, der sich zum Christentum bekehrt hatte, und bekehrte Juden hatten im erzkatholischen Spanien einen schlechten Ruf.

Don Alonso war zum zweiten Mal verheiratet. Seine erste Frau hatte er früh verloren und dann ein junges, erst vierzehnjähriges Mädchen geheiratet, deren christliche Abstammung über jeden Zweifel erhaben war. Doña

Beatriz de Ahumada hatte nun in rascher Folge Kinder bekommen, das dritte war Teresa gewesen und sie war bald zum Liebling des Vaters geworden.

Von der Mutter lernte Teresa, zu beten und die heilige Muttergottes zu verehren. Trotz ihrer Frömmigkeit hatte die schöne Doña Beatriz einen schwachen Punkt. Sie las nämlich leidenschaftlich gerne Ritterromane und bald hatte sie auch ihre Kinder mit dieser Leidenschaft angesteckt. Statt erbaulicher Heiligenlegenden verschlang Teresa nun Geschichten über das aufregende Leben und die Liebesabenteuer edler Ritter – sehr zum Leidwesen des Vaters, der mit dieser Art der Bildung gar nicht einverstanden war. Um ihm Aufregung zu ersparen, verheimlichten Mutter und Tochter ihre Lektüre. Und Teresa hatte viel zu verheimlichen. Tag und Nacht las sie in ihren Romanen, sie wurde richtig süchtig und konnte es kaum erwarten, nach einem ausgelesenen Buch gleich ein neues zu bekommen.

Die schöne Teresa

Wahrscheinlich lag es an diesen Ritterbüchern, dass Teresa nun nicht mehr davon träumte, eine Märtyrerin oder Nonne zu werden. Im Gegenteil. Sie verbrachte viel Zeit im Badezimmer und vor dem Spiegel und nichts war ihr wichtiger als gepflegte Hände und Haare und ein duftendes Parfum. Die junge Teresa muss eine Schönheit gewesen sein: Wenn sie durch Avila ging, zog sie mit ihrer schlanken Figur, den dunklen Augen und den schwarzen Locken alle Blicke auf sich.

Ihre Eltern achteten freilich sehr genau darauf, mit wem sie Umgang hatte. Die Ehre der Familie ging über alles. Unstandesgemäße Freundschaften, Gerüchte oder Skandale konnte man sich nicht leisten. Daher kam auch selten Besuch ins Haus, nur mit der Verwandtschaft traf man sich ab und zu. Mit einer gleichaltrigen Kusine verstand sich Teresa besonders gut. Wenn die beiden zusammenkamen, redeten sie stundenlang nur von Kleidern und Schmuck, von Kosmetik und von Männern. Teresa bewunderte das ältere Mädchen grenzenlos, weil sie schon reifer war und Dinge wusste, von denen sie selbst noch nie gehört hatte.

Teresas Eltern sahen diese Freundschaft zunehmend mit Sorge. Sie wollten die Besuche der Kusine einschränken. Doch Teresa fand immer wieder einen Weg, mit der Freundin zusammenzukommen. Sie bestach sogar die Dienstmädchen, damit sie die Kusine heimlich ins Haus ließen und dem Vater nichts verrieten. Teresa machte es nichts aus, ihre Eltern zu hintergehen. Sie hinterging sich selber. Wie ihr Vater sprach sie viel von ihrer Ehre und der Ehre der Familie, ohne zu merken, dass sie damit nur eine Fassade aufrechterhielt und dahinter ein ganz anderes Leben führte.

Als Teresa vierzehn Jahre alt war, starb ihre Mutter. Obwohl Doña Beatriz erst vierunddreißig Jahre alt war, war sie ausgemergelt wie eine alte Frau. Sie hatte sechs Kinder zur Welt gebracht und weiß Gott wie viele Fehlgeburten erlebt. Dazu kamen der große Haushalt und viele Krankheiten. Doña Beatriz' Leben war typisch für das Schicksal der Frauen zu dieser Zeit. Solange sie nicht verheiratet waren, blieben sie in ihren Familien eingesperrt. Dann, mit der Eheschließung, gingen sie mehr oder weniger in den Besitz ihres Mannes über, bekamen ein Kind nach dem anderen und starben früh. Vielleicht hat Teresa auch an ihre Mutter gedacht, als sie später schrieb: *Welche Gnade, wenn Gott einer Frau die Tyrannei eines Ehemanns erspart. Sehr oft richtet er ihren Körper zugrunde. Und manchmal auch die Seele.*

Don Alonso musste nun alleine mit seinen Kindern zurechtkommen. Damit war er anscheinend überfordert. Er liebte seine Tochter Teresa, sah aber nicht, dass sie hinter seinem Rücken Dinge trieb, die er nie erlaubt hätte. In ihrem späteren Lebensbericht deutete Teresa nur dezent an, was sie alles angestellt hat. Sie spricht von *Vergnügungen* und *Versuchungen*. Offenbar hatte sie sich heftig in einen Cousin verliebt und wollte ihn sogar heiraten. Irgendwann ließen sich Teresas Eskapaden nicht mehr verbergen und der Vater sah die Ehre der Familie ernstlich gefährdet. Don Alonso musste handeln und entschloss sich, Teresa in ein Augustinerinnenkloster zu stecken. Die wahren Gründe für diesen Entschluss wurden freilich verheimlicht. Man nahm die Heirat von Teresas Halbschwester Maria zum Vorwand: Da nun auch diese ältere Schwester das Haus verlasse, so sagte man, bleibe niemand mehr, der sich um die mutterlose Teresa kümmern könnte.

Ohne Flügel

Das Kloster, in das Teresa kam, war offen für Töchter aus vornehmen Kreisen. Sie erhielten eine gewisse Ausbildung und konnten sich später immer noch entscheiden, ob sie eine Nonne werden wollten. Für Teresa kam dieser Schritt überhaupt nicht infrage. Die Vorstellung, einmal eine Nonne zu sein, war ihr *spinnefeind*. Andererseits hatte sie ein furchtbar schlechtes Gewissen wegen ihres früheren Lebens und große Angst vor jener ewigen Verdammnis, die sie schon als Kind gefürchtet hatte. Sie war überzeugt, dass alle anderen Menschen gut sind und nur sie schlecht ist. Vielleicht, so dachte sie, wäre es ein Ausgleich, eine Buße für ihr sündhaftes Leben, wenn sie doch in das ungeliebte Kloster gehen würde. Dazu musste sie sich dann allerdings zu etwas zwingen, was sie eigentlich gar nicht wollte. Und dieser Konflikt riss Teresa nicht nur in tiefe Verzweiflung, er machte sie auch krank. Sie bekam Fieber und fiel oft in lange Bewusstlosigkeit.

Niemand wusste, was man gegen diese unerklärlichen Anfälle tun konnte. Schließlich nahm Don Alonso seine siebzehnjährige Tochter aus dem Kloster und brachte sie auf Anraten der Ärzte zur Erholung aufs Land. Sie besuchte auch einen Bruder des Vaters, einen klugen Mann, der immerhin erkannte, dass Teresas Krankheit seelische Ursachen hatte. Er gab ihr Bücher zu lesen, die aber ihren inneren Kampf nur verstärkten. *Ich wollte leben,* so beschrieb sie später diesen Kampf, *denn ich erkannte sehr wohl, dass ich nicht lebte.* Doch je mehr sie versuchte zu leben, desto unglücklicher wurde sie. Sie fühlte sich zerrissen, als ob jeder Teil von ihr in eine andere Richtung drängte. Schließlich hielt sie diesen Zustand nicht mehr aus und entschloss sich, in ein Kloster einzutreten. Als sie ihren Entschluss dem Vater mitteilte, war der strikt dagegen. Offenbar wollte er, dass seine Tochter bei ihm bleibt, um im Alter eine Stütze zu haben. Teresa liebte ihren Vater sehr, aber ihr Leiden war so groß, dass sie auch auf ihn keine Rücksicht nehmen konnte.

Wieder fand sie in einem ihrer Brüder, es war Antonio, einen Gleichgesinnten. Und wieder stahlen sich die beiden eines Morgens, es war der 2. November 1535, aus dem Haus, dieses Mal nicht, um ins Land der Mauren zu wandern, sondern um in einem Kloster aufgenommen zu werden. Antonio klopfte bei den Dominikanern an die Pforte und wurde abgewiesen. Teresa fand Einlass im Kloster Encarnacion, zu Deutsch »Kloster zur Menschwerdung«. Keiner merkte, wie schwer ihr dieser Schritt fiel, alle sahen und bewunderten nur ihre große Entschlossenheit.

Teresa musste die Erfahrung machen, dass man aus der Welt fliehen kann und sie trotzdem im Kopf mitnimmt. *Viele Seelen wollen fliegen,* so meinte sie später selbstkritisch, *bevor ihnen Gott Flügel gibt.* Und Flügel bekam Teresa im »Kloster zur Menschwerdung« zunächst nicht, auch wenn sie noch so vorbildlich war, viel betete, Bußübungen machte, Kranke pflegte und Nächte durchwachte. Das Kloster war auch nicht unbedingt ein Ort, wo man zur Ruhe finden konnte. Es war gegründet worden, um unverheiratete Töchter aus reichem Hause unterzubringen. Dementsprechend locker waren die Regeln.

Die Nonnen hatten geräumige Wohnungen und durften in den Sprechzimmern Besuch empfangen und ausgiebig mit Freunden und Verwandten reden. Diese dauernde Möglichkeit zur Ablenkung war Gift für Teresa, die doch so anfällig war für äußere Reize und so gerne den neuesten Klatsch erfuhr und stundenlang darüber plappern konnte. Manchmal war sie so zerstreut, dass sie während der Gebete ungeduldig auf das Ende wartete und mehr auf das Schlagen der Uhr lauschte als auf die Worte, die gesprochen wurden. Für diese Ungeduld hasste sie sich auch und musste sich erinnern an ihr persönliches Motto, dem sie doch folgen wollte: O todo, o nada – entweder alles oder nichts.

Alles – das hätte für Teresa bedeutet, ganz bei sich zu sein, endlich mit ganzem Herzen hinter dem zu stehen, was sie tat und dachte. Sie war aber nicht im Einklang mit sich selbst, und sie wusste oder ahnte, dass das mit ihrer falschen Einstellung zu Gott zu tun hatte. Teresa wollte daran etwas ändern, aber sie verstand nicht, warum ihr das nicht gelang. Das Leben im Kloster blieb ein Leben der Halbheiten – in allem, im Denken, im Handeln, im Fürchten, im Hoffen. Als Teresa später ihre Lebensgeschichte aufschrieb, verschwieg sie ihre damalige Verzweiflung nicht. *Ich kann wohl sagen,* so heißt es dort, *dass es das unerfreulichste Leben war, das man sich vorstellen kann. Denn weder Gott noch die Welt machten mich glücklich.*

Scheintot

Etwa drei Jahre nach ihrem Eintritt in das »Kloster zur Menschwerdung« traten bei Teresa wieder die unerklärlichen Krankheiten auf. Sie konnte nichts mehr essen, hatte Fieber, Herzflimmern und wurde oft ohnmächtig. Ihr Zustand wurde so schlimm, dass ihr Vater sie zu einer berühmten Heilerin brachte, die aber mit ihren groben Methoden alles nur noch schlimmer machte.

Als Teresa wieder nach Avila zurückkam, war sie völlig abgemagert und kraftlos, und die Ärzte fürchteten um das Leben der erst vierundzwanzigjährigen jungen Frau. Eines Nachts verlor sie tatsächlich das Bewusstsein und lag wie tot in ihrem Bett. Kein Atem war mehr zu spüren. Sie zeigte auch keine Reaktion, als man ihr heißes Wachs auf die Augenlider träufelte. Es wurde für sie eine Totenmesse gehalten und man begann ein Grab auszuheben. Nur weil ihr Vater zögerte, seine Zustimmung zu geben, wurde die Beerdigung aufgeschoben.

Das war Teresas Glück, denn nach vier Tagen wachte sie wieder auf. Sie war nur scheintot gewesen und die Rückkehr ins Leben war quälend. Sie konnte sich nicht bewegen und nur unter Schmerzen Nahrung aufnehmen. Über drei Jahre lang lag Teresa wie gelähmt im Krankenzimmer ihres Klosters und wurde gepflegt.

Für Teresa war die Zeit nach ihrem Zusammenbruch wie eine Neugeburt. Doch es war nicht unbedingt ein Neubeginn. Langsam, sehr langsam, über viele Jahre hinweg vollzog sich eine Verwandlung. Es war ein ständiges

Fallen und Wiederaufstehen, aber ein Grundstein war gelegt, weil Teresa nun dem *Lockruf* folgte, den sie immer besser zu hören lernte. Und das bedeutete insbesondere, dass sie lernte, auf eine andere Art zu beten …

Im Kloster herrschte eine strikte Gebetsordnung. Für jeden Tag waren bestimmte Gebete festgelegt, die dann mehr oder weniger heruntergeleiert wurden. Es kostete Teresa viel Mut, diese starre Vorschrift zu durchbrechen und eine persönliche Sprache zu finden. Beten war für sie von nun an *wie ein Gespräch mit einem Freund, mit dem wir oft zusammenkommen, um mit ihm zu reden, weil wir sicher sind, dass er uns liebt.*

Manchmal hatte sie bei solchen »Gesprächen« dann das unumstößliche Gefühl, dass Gott ganz gegenwärtig ist, so wie man in einem dunklen Zimmer ist, aber genau weiß, dass sich noch jemand im Raum befindet. Diese Anwesenheit war verbunden mit einem unvergleichlichen Gefühl des Vertrauens und der Sicherheit. Eine Erfahrung, die zwar immer nur kurz währte, aber so überwältigend war, dass nicht der Hauch eines Zweifels aufkommen konnte. *Er befand sich in meinem Inneren oder ich war ganz in ihm versenkt,* so beschrieb Teresa diese Erfahrung, die sie *mystisch* nannte.

Nicht denken, sondern lieben

Teresa ist oft darum gebeten worden, ihre inneren Erlebnisse zu beschreiben. Obwohl sie ahnte, dass das, was mit ihr passierte, jenseits aller Worte lag, hat sie es doch versucht. Einmal verwendet sie das Bild von einem Garten, der bewässert werden muss: Der Grad der Gottesnähe bestimme sich danach, wie viel der einzelne Mensch noch selber für Wasser sorgen müsse. Die höchste Stufe der Versenkung sei erreicht, wenn man gelernt hat, loszulassen, und Gott die Sorge um den Garten überlässt. Dieses Loslassenkönnen bedeutet nicht nur die Unabhängigkeit von äußeren Dingen, es bedeutet vor allem die Fähigkeit, den allzu menschlichen Drang, sich selbst und die Welt zu bestimmen, zu verlieren und stattdessen Gelassenheit zu gewinnen.

Wie schwer das ist, hat Teresa über viele Jahre erleben müssen. Sie wollte richtig leben, sie wollte mit sich übereinstimmen und übersah dabei, dass dieser Wille sich selber im Weg stand. Erst als dieser Zwang von ihr abfiel, stellte sich das Glück ein, nicht als Lohn für eine Leistung, sondern als Geschenk, nicht als Verdienst, sondern als Gnade. Viel zu sehr hatte Terese vorher auf ihren scharfen Verstand vertraut, den sie nun für einen *Tölpel* hielt, weil er durch Worte so viel *Lärm* verursacht, der nur ablenkt. Für Teresa ist die *Seele* das Entscheidende, und die *kommt nicht voran vom vielen Denken, sondern vom vielen Lieben.*

Mystische Empfindlichkeit

Alles, was Teresa vorher nur gewusst oder geglaubt hatte, erfuhr sie nun auf eine ganz andere, neue Weise, so hautnah und sonnenklar, als ob sie Gott fühlen und schmecken würde. In solchen Momenten wurde sie erfüllt von einem überwältigenden Glücksgefühl, das sie nur in einer hochpoetischen Sprache ausdrücken konnte. Sie tat dies in dem Glauben, dass solche Erfahrungen nicht nur auserwählte Personen oder religiöse Genies machen können, sondern jeder Mann und jede Frau. Wer seiner Sehnsucht folgt und sich nicht gegen den *Lockruf* verschließt, der wird für Teresa früher oder später Gott in seinem Inneren finden.

Diese Auffassung hat in neuerer Zeit die Theologin Dorothee Sölle wieder vertreten mit ihrer Parole, dass wir alle Mystiker sind. Für Sölle hat jeder Mensch eine »mystische Empfindlichkeit«, egal wie gebildet, wie alt oder wie religiös er ist. Diese Empfindlichkeit zeigt sich dann, wenn jemand aus der Selbstverständlichkeit seines Alltags herausfällt und entdeckt, dass er innerhalb mehr oder weniger eingebildeter Grenzen gelebt hat, die er überschreiten kann. Die bisherige Abgeschlossenheit des Lebens wird durchbrochen, und man erfährt, dass man selbst und die Welt viel mehr sind, als man gedacht und geglaubt hat.

Für die Schriftstellerin Ingeborg Bachmann sind das die besonderen Momente in einem Leben, Momente, in denen einem die »Augen aufgehen«. Dazu gehört auch, dass man die Erwartungen an das Leben nicht aufgibt oder zynisch abtut, sondern die eigenen wie die Sehnsüchte anderer ernst nimmt. »Denn bei allem, was wir tun, denken und fühlen«, schreibt Ingeborg Bachmann, »möchten wir manchmal bis zum Äußersten gehen. Der Wunsch wird in uns wach, die Grenzen zu überschreiten, die uns gesetzt sind. Innerhalb der Grenzen aber haben wir den Blick gerichtet auf das Vollkommene, das Unmögliche, Unerreichbare, sei es der Liebe, der Freiheit oder jeder reinen Größe.«

Teresa von Avila kannte die Sehnsucht nach dem Vollkommenen, und sie kannte jene Momente, in denen sie weit über die Grenzen ihres Ichs hinausgetragen wurde. Sie kannte aber auch jene Zeiten, in denen sie von Mutlosigkeit und Hoffnungslosigkeit eingeholt wurde. Sie blieb auch immer skeptisch gegenüber den erlebten ekstatischen Zuständen und Visionen. Sie kannte genug Frauen, die ihre hysterischen Anfälle für göttliche Inspiration hielten. Darum zog Teresa auch gebildete Männer zurate, die ihre Erlebnisse beurteilen sollten. Einige glaubten, sie sei vom Teufel besessen, andere hielten sie für eine Heilige. Teresa musste sogar damit rechnen, von der Inquisition verurteilt zu werden. Als Freunde sie vor der Glaubensbehörde warnten, musste Teresa aber nur lachen, denn Angst hatte sie keine. Die Seele bekomme von der Nähe zu Gott so viel Mut, meinte sie, *dass sie sich jetzt mit Freuden für Gott in Stücke reißen ließe.*

Der Gott in der Küche

Ob eine innere Erfahrung echt ist oder nur Einbildung, das erkenne man daran, so Teresa, ob sie zu Taten führt. Es genüge nicht, nur im Beten und in der Kontemplation zu verharren. Der Zweck des Gebetes sei es, Taten hervorzubringen. *Handeln heißt beten,* behauptete sie kurz und bündig. Und darum tadelte sie Mitschwestern, die meinten, es würde nicht zu ihrem frommen Leben passen, wenn sie in der Küche oder im Garten arbeiteten. Jede gut getane Alltagsarbeit war für Teresa wichtiger als irgendwelche Entrückungszustände, alberne Andachten oder übertriebene Bußübungen. *Erkennet,* so schrieb sie an die Adresse ihrer Mitschwestern, *dass selbst in der Küche bei den Töpfen der Herr euch begleitet.*

Teresa kannte auch weiterhin Zeiten der Mutlosigkeit und Verlassenheit, aber offenbar geriet ihr grundsätzliches Vertrauen, das sie auch im fortgeschrittenen Alter zu einer unglaublich tatkräftigen Frau machte, nie ins Wanken. Sie war bereits siebenundvierzig Jahre alt, als sie gegen den Widerstand von kirchlichen und weltlichen Amtsträgern das Kloster San José, Sankt Josef, gründete, in dem sie ihre Vorstellung von einem Zusammenleben verwirklichen wollte. In der Folge gründete sie noch dreizehn Klöster. Diese Gründungen liefen oft chaotisch ab. Teresa und ihre Mitschwestern besetzten in einer Nachtaktion ein Gebäude und richteten es mit spärlichen Mitteln und viel Handarbeit notdürftig ein.

Mit jedem neuen Kloster wuchsen die Aufgaben, und

Teresa wurde, wie sie verwundert feststellte, geradezu geschäftstüchtig. Sie verhandelte mit Handwerkern und Behörden, schrieb zahllose Briefe, trieb neue Geldgeber auf, bestimmte die Leitung der Klöster, reiste bei Hitze und Kälte über unwegsame Straßen und legte selber mit Hand an, wenn es nötig war: nähte, putzte, kochte und hämmerte. Es schien, als ob sie eine unerschöpfliche Kraftquelle in sich hätte und ihr Charme und ihr Humor durch nichts gebrochen werden könnte. Dabei war sie fast dauernd krank, litt an Rheuma, Kopfschmerzen und an einem schwachen Herzen. *Der Herr gibt mir fortwährend schlechte Gesundheit,* meinte sie, *und wenn ich trotzdem alles tun kann, muss ich manchmal darüber lachen.*

Das Lachen verlernte sie bis zu ihrem Ende nicht. Als sie kurz vor ihrem Tod Anfang Oktober 1582 wieder einmal bei Wind und Wetter quer durch Spanien reiste, stürzte ihr Wagen in den schlammigen Straßengraben. Da vernahm sie wieder jene innere Stimme, die jetzt kein Lockruf mehr war, sondern die Sprache eines vertrauten Freundes, der angesichts des umgekippten Wagens meinte: »Meine Tochter, so behandle ich zuweilen meine Freunde.« Worauf Teresa geantwortet haben soll: »Allerdings, Herr, darum habt Ihr auch so wenige!«

Martin Luther
oder
Die gute Traurigkeit

Der zwanzigjährige Philosophiestudent Martin Luther saß in der Bibliothek der Universität Erfurt und las wie gebannt in einem Buch. Er war eher durch Zufall darauf gestoßen, als er in den Regalen gestöbert hatte. Kein Zweifel, es war eine Bibel, eine vollständige lateinische Bibel. Martin Luther hatte noch nie eine Bibel in der Hand gehabt. Bisher kannte er nur die biblischen Geschichten, wie sie in den kirchlichen Lesungen vorkamen und dann in den Predigtbüchern abgedruckt waren, die man kaufen konnte. Luther hatte nicht gewusst, dass es über diese immer gleichen Erzählungen hinaus auch noch andere Texte gab, die zur Bibel gehörten.

Luther las eine Stelle im Alten Testament, im Buch Samuel, als der Gong ertönte. Das war das Zeichen, dass er wieder in die Vorlesung musste. Dort würde der Professor wieder stundenlang über die Logik des Aristoteles reden. Tausendmal lieber wäre Luther hier, in der Bibliothek, geblieben und hätte weiter in dem Buch gelesen, von Anfang bis zum Ende. Überhaupt hätte er lieber Theologie studiert als Philosophie oder Jura. Aber das ging nicht. Sein Vater hätte es nie erlaubt, und seinem

Vater hatte er viel zu verdanken. Hans Luther hatte sich jahrelang abgerackert, um seinem Sohn ein Studium zu ermöglichen. Und nun erwartete er, dass Martin einmal einen handfesten Beruf ergreift, vielleicht Bürgermeister oder Jurist.

Martin Luther wollte seinen Vater nicht enttäuschen. Er gehörte zu den besten Studenten und würde sicher auch ein glänzendes Examen machen. Er verstand selbst nicht, warum er dennoch manchmal so traurig und niedergeschlagen war. In der Bibel hätte er in den Briefen des Apostels Paulus davon lesen können, dass es zweierlei Traurigkeit gibt, eine gute und eine schlechte. Die gute, so meint Paulus, führt zu Veränderung und neuer Lebenskraft, und die schlechte »in den Tod«.

Viele Schläge, wenig Vertrauen

Hans Luther, Martins Vater, stammte aus einer Bauersfamilie, die seit Generationen in dem kleinen thüringischen Dorf Möhra beheimatet war. Weil nach altem Recht sein jüngerer Bruder den Bauernhof übernahm, musste sich Hans Luther eine eigene Existenz aufbauen. 1484 zog er mit seiner Frau Margarete zuerst nach Eisleben, dann nach Mansfeld westlich von Halle. Ende des fünfzehnten Jahrhunderts war der Ort ein kleines Städtchen mit nicht einmal zweitausend Einwohnern. Hoch über der einen Talseite lag das gräfliche Schloss. Auf der anderen Seite zogen sich die Häuser und Kirchen entlang der unbefestigten Hauptstraße den Hügel hinauf. Am unteren Ende der Straße lag das Haus der Luthers. Hans Luther hatte es für seine ständig wachsende Familie erworben und sich dabei erheblich verschuldet. In den ersten Jahren in Mansfeld schuftete er als Bergmann in den Kupferminen. Dann schaffte er es mit großem Fleiß und Ehrgeiz, selbst eine kleine Mine zu pachten. Später wurde er ein erfolgreicher Unternehmer und angesehener Bürger und erhielt sogar einen Sitz im Rat der Stadt.

Trotzdem dauerte es lange, bis es der Familie Luther besser ging und die Mutter nicht mehr in den Wald gehen musste, um Brennholz zu sammeln und die schweren Bündel nach Hause zu schleppen.

Margarete Luther war mit ihren Kindern, dem Haushalt und dem Garten voll ausgelastet. Vier oder fünf Söhne und vier Mädchen brachte sie zur Welt, von denen einige früh starben. Der zweitälteste Sohn Martin, 1483 in Eisleben geboren, war von robuster Natur, jedenfalls überlebte er und war zeit seines Lebens stolz auf seine gute Gesundheit.

Die Erinnerungen an seine Kindheit zeigen aber auch, dass er empfindlich und leicht verletzbar war. Für Kinder war es zu dieser Zeit normal, zu Hause von den Eltern geschlagen zu werden. Das gehörte zur Erziehung. Martin konnte sich anscheinend nicht daran gewöhnen. Es blieb ihm im Gedächtnis, dass seine Mutter ihn wegen einer Nuss so lange geschlagen hat, bis er blutete. Auch von seinem Vater wurde er einmal so heftig verprügelt, dass Martin sich nicht mehr in seine Nähe wagte und es lange dauerte, bis er wieder Zutrauen gewann. Der erwachsene Martin Luther hat seine Eltern zwar in Schutz genommen und ihnen gute Absichten unterstellt. Dennoch warf er ihnen vor, aus ihm ein schüchternes und ängstliches Kind gemacht zu haben. Und er verurteilte jede Form von Strafe, die bewirkt, dass ein Kind das Vertrauen zu seinen Eltern verliert.

Auch seine Lehrer machten es Martin schwer, Vertrauen zu ihnen zu gewinnen. Mit sechs oder sieben Jahren kam er in die Lateinschule von Mansfeld. Das war eine ehemalige Scheune nicht weit von Martins Elternhaus, an der Hauptstraße gelegen. Die Straße war manchmal von Regen und den Abwässern so verdreckt, dass Martin von einem Bekannten zur Schule getragen werden musste. Der Unterricht begann schon um sechs Uhr morgens. Und im Winter mussten die Kinder Holzscheite und Kerzen mitnehmen, damit man Licht hatte und der Ofen im großen Klassenraum geheizt werden konnte.

Wie alle mittelalterlichen Schulen war auch die in Mansfeld eine Kirchenschule, in der es hauptsächlich darum ging, die lateinische Sprache zu lernen. Von Anfang an wurde lateinisch geredet, gelesen und gesungen. Seit der Erfindung des Buchdrucks gab es Schulbücher, in denen neben Grammatik auch die Zehn Gebote, das Vaterunser oder Psalmen abgedruckt waren. Der Unterricht bestand darin, alles, was in den Büchern zu lesen war oder vom Lehrer vorgesagt wurde, auswendig zu lernen. Wer dann beim Abfragen etwas vergessen hatte oder Fehler machte, wurde bestraft. Meistens gab es nur ein Klassenzimmer, in dem alle Altersstufen nebeneinander unterrichtet wurden. Offenbar verlor ein Lehrer schon einmal die Übersicht, wer auf welchem Stand war. So sollte Martin Luther einmal ein Wort konjugieren und deklinieren, was er nicht konnte, weil er es noch nicht gelernt hatte. Der Lehrer wollte ihm das aber nicht glauben und schlug ihn fünfzehn Mal.

Auch das hat Martin Luther nicht vergessen, ebenso wenig wie den verhassten »Wolfszettel«. Das war ein Heft, in dem ein älterer Schüler im Auftrag des Lehrers die Namen derjenigen eintragen musste, die gegen die Ordnung verstoßen hatten, also zum Beispiel deutsch geredet oder geflucht hatten. Jeder, der auf dem Wolfszettel stand, wusste, dass am Ende der Woche abgerechnet wurde und er seine Strafe bekam. Das muss eine grausame Prozedur gewesen sein, bei der die Lehrer *wie die Henker* auftraten und manche Schülerseele für immer zerstörten. *Es ist ein übel Ding,* meinte der erwachsene Luther im Rückblick auf seine Schulzeit, *wenn Kinder und Schüler das Vertrauen zu Eltern und Lehrern verlieren. So gab es zum Beispiel abgeschmackte Schulmeister, die durch ihr barsches Wesen viele treffliche Anlagen verdarben.*

Sowohl zu Hause als auch in der Schule lernte Martin, dass man mit ihm nur zufrieden war, wenn er machte, was man von ihm erwartete. Andernfalls drohte Strafe. So war auch die Liebe zu seinen Eltern untrennbar verbunden mit der Angst vor ihnen, wie er überhaupt den Erwachsenen nicht recht traute. Warum sonst war er vor dem Mann geflüchtet, der ihm doch nur eine Wurst schenken wollte? Dabei war dieser Mann nur etwas unbeholfen auf ihn zugekommen und hatte aus Jux ein paar drohende Worte ausgestoßen. Sofort hatte es Martin mit der Angst bekommen und war weggelaufen, so tief saß in ihm der Argwohn vor den Großen. Kein Wunder, dass er sich auch Gott nur vorstellen konnte wie einen strengen Vater oder Lehrer, von dem er nichts anderes als Strafen zu erwarten hatte. *Ich wurde von Kindheit auf so gewöhnt*, schrieb er über vierzig Jahre später, *dass ich erblassen und erschrecken musste, wenn ich den Namen Christus nur nennen hörte; denn ich war nicht anders unterrichtet, als dass ich ihn für einen gestrengen und zornigen Richter hielt.*

Der Musterschüler

Martin war ein guter Schüler, und seine Eltern waren stolz, einen Sohn zu haben, der offenbar das Zeug dazu hatte, etwas Besseres zu werden. Und obwohl Hans Luther noch immer nicht aus den Schulden heraus war, war er bereit, Martins weitere Ausbildung zu unterstützen. Dazu musste der Sohn allerdings auf weiterführende Schulen wechseln, denn das, was die Lateinschule in Mansfeld ihm beibringen konnte, war als Grundlage für ein späteres Studium zu wenig.

Martin war dreizehn oder vierzehn, als er nach Magdeburg ging, wo er allerdings nur ein Jahr blieb und dann nach Eisenach wechselte. In Eisenach lebten viele seiner Verwandten. All diese Großeltern, Onkel und Tanten waren einfache Leute, Bauern und Handwerker, bei denen Martin sich wohlfühlte, weil sie ihn respektierten und herzlich aufnahmen, und vielleicht auch, weil sie nichts von ihm erwarteten. Er verkehrte aber auch in vornehmen Kreisen, in der Familie des früheren Bürgermeisters Schalbe, wo er regelmäßig eine Mahlzeit bekam. Auf diese Weise unterstützten reiche Familien arme Schüler. Und Martin Luther war arm. Von zu Hause bekam er nur wenig Geld. Wie andere auch, verdiente er sich einiges dazu, indem er als »Partekenhengst«, wie man das nannte, von Haus zu Haus ging und den Leuten etwas vorsang.

Martin war sich bewusst, dass sein Vater in Mansfeld sich den Rücken krumm arbeitete, um seine Familie zu ernähren und ihm, seinem Sohn, eine bessere Zukunft zu sichern. Und allein schon aus Dankbarkeit wollte er ihn nicht enttäuschen. Hans Luthers Geschäfte liefen auch zunehmend besser, und seine Einnahmen wurden bald so stattlich, dass er sich leisten konnte, seinen begabten Sohn studieren zu lassen.

Im April 1501 schrieb sich der siebzehnjährige Martin Luther an der Universität Erfurt ein. Nach Magdeburg und Eisenach war Erfurt mit seinen zwanzigtausend Einwohnern und den vielen Kirchen und Klöstern eine richtige Großstadt. Wie alle Studienanfänger musste er zunächst ein philosophisches Grundstudium absolvieren, um dann zwischen Theologie, Jura und Medizin zu wählen. Martin wusste noch nicht, für welches Fach er sich entscheiden sollte. Aber er wusste, was sein Vater sich von ihm erwartete.

Martin fand einen Platz im Studentenwohnheim St. Georg. Der Alltag in dieser sogenannten Burse war stark reglementiert, vom Aufstehen um vier Uhr morgens bis zu den Gottesdiensten und Lernzeiten. Offenbar gelang es den jungen Männern aber hin und wieder, sich den strengen Regeln zu entziehen und ein freieres Studentenleben zu führen. Nicht umsonst wurde die Burse St. Georg auch »Biertasche« genannt. Und was den Ehrgeiz der Schüler betraf, gab es erhebliche Unterschiede. Martins Zimmergenosse warf nur selten einen Blick in seine Bücher, und wenn er sich doch dazu überwinden konnte, hielt er nicht lange durch und warf das Buch nach kurzer Zeit in die Ecke und behauptete, studieren mache dumm.

Ganz anders der Student Martin Luther. Er ging jeden Morgen in die Kirche, versäumte nie eine Vorlesung und verbrachte die meiste Zeit in der Bibliothek. Wenn er Fragen hatte, wandte er sich demütig an seine Lehrer, und oft traf er sich mit gleich gesinnten Studenten, um den erlernten Stoff freiwillig zu wiederholen. Was außerhalb der Burse und der Universität vor sich ging, davon bekam der Student Martin Luther wenig mit. Und das, was er sah und hörte, schreckte ihn ab. Noch im Rückblick war Erfurt für ihn ein *Hurenhaus und Bierhaus*.

Von Frauen und Bier ließ sich Martin nicht ablenken und er absolvierte in der kürzestmöglichen Zeit sein Grundstudium. Anfang 1505 bestand er als Zweitbester die Prüfungen und in einer feierlichen Zeremonie setzte ihm der Dekan der Universität das rotbraune Barett auf den Kopf. Luther war nun mit seinen einundzwanzig Jahren ein Magister, der Vorlesungen für Studienanfänger halten durfte. Sein stolzer Vater gratulierte ihm und sprach ihn respektvoll mit »Ihr« an. Martin war glücklich, aber seine Freude hielt nicht lange, denn nun stand die Frage an, was er weiter machen sollte. Sein Vater ging fest davon aus, dass er nun die Rechte studieren werde, und Martin meldete sich auch bei der juristischen Fakultät an. Doch er selbst stand nicht hinter dieser Entscheidung. Er wollte etwas anderes, aber was, das konnte er nicht sagen.

Der Blitzschlag bei Stotternheim

Martin Luther war kein Streber, dem es nur um Erfolg ging. Er suchte Orientierung, und hinter seinem Ehrgeiz steckte das Bedürfnis, den Dingen auf den Grund zu gehen, den *Kern der Nuss* zu erforschen, wie er es einmal ausdrückte. In dieser Hinsicht hatte ihm das Studium der aristotelischen Logik wenig gebracht. Mehr erhoffte er sich von der Theologie. Seitdem er in der Bibliothek für kurze Zeit die Bibel in der Hand gehabt hatte, brannte in ihm der Wunsch, einmal das ganze Buch zu lesen. Einem Freund vertraute er später an, dass er liebend gerne die Philosophie mit der Theologie tauschen würde. Aber das konnte er einem Freund sagen, nicht seinem Vater.

Je näher der Zeitpunkt rückte, an dem Luther eine Entscheidung über seinen künftigen Beruf treffen musste, desto schlechter ging es ihm. Er musste gegen eine unerklärliche Schwermut ankämpfen, die ihn wie ein Bleigewicht nach unten zog. *Mich plagte die Traurigkeit,* so erinnerte er sich später, *und ich fühlte mich ständig niedergeschlagen.* Diese Bedrücktheit kam sicher auch daher, dass Luther nach dem Grundstudium und den anstrengenden Prüfungen erschöpft und müde war. Hinzu kam, dass zwei Studienkollegen an der Pest gestorben waren und er selbst bei einem Unfall fast verblutet wäre. Vielleicht wurde ihm dadurch bewusst, wie schnell es zu Ende sein kann und wie schnell es zu spät sein kann, an seinem Leben noch etwas zu ändern.

Seine Traurigkeit hatte aber sicher auch noch andere, tiefere Gründe. Der dänische Philosoph Sören Kierkegaard, der zweihundert Jahre nach Luther lebte, weist darauf hin, dass es eine gute Schwermut gibt, von der gerade sensible Charaktere befallen werden. Diese Schwermut wird dann fast unerträglich, wenn eine lebenswichtige Entscheidung fallen muss, wenn ein Durchbruch zu einer neuen Lebensphase vollzogen werden soll. Die Verzweiflung darüber, dass es nicht so weitergehen kann wie bisher, verbindet sich dabei mit der Angst davor, alte Brücken hinter sich abreißen und einen Schritt ins Ungewisse tun zu müssen. Es ist, wie Franz Kafka sagt, die Angst vor dem Geborenwerden. Falls der Durchbruch gelingt, war die gute Schwermut die nötige Vorbereitung. Falls nicht, kann sie zu einer schlechten

Melancholie werden, in der man einer verpassten Chance nachhängt und sich und anderen das Leben vergiftet.

Ende Juni 1505 reiste Martin Luther zu seinen Eltern nach Mansfeld. Warum, weiß man nicht. Wahrscheinlich aber hat sein Vater ihn nach Hause gerufen, weil er eine ehrbare und reiche Ehefrau für seinen Sohn in Aussicht hatte und mit Martin über die Heiratspläne reden wollte. Bei dieser Gelegenheit hat Luther sicher auch seine Abneigung gegen das Rechtsstudium erwähnt und vielleicht auch gestanden, dass er lieber Theologie studieren würde. Wenn das Treffen so verlaufen ist, hat es wohl Spannungen zwischen Vater und Sohn gegeben, vielleicht sogar Streit.

Auf der Rückreise, am 2. Juli, geriet Luther kurz vor Erfurt, bei dem Dorf Stotternheim, in ein schweres Gewitter. Nirgendwo konnte er Unterschlupf finden und war Regen und Wind hilflos ausgeliefert. Das Gewitter wurde immer schlimmer. Die Donnerschläge krachten und die Luft wurde von gleißenden Blitzen zerrissen. Als ein Blitz direkt neben ihm einschlug, bekam Luther solche Todesangst, dass er in seiner Not ein Gelübde ablegte und schwor, ein Mönch zu werden, wenn er das Gewitter überleben sollte.

Luther kam heil nach Erfurt, und obwohl er es bereute, voreilig ein so weitreichendes Versprechen gegeben zu haben, wollte er es doch halten. Als er seinen Freunden von seinem Vorhaben erzählte, waren sie entsetzt. Sie redeten auf ihn ein, sich die Sache noch mal zu überlegen. Doch Luther ließ sich nicht mehr davon abbringen. Er verkaufte seine Bücher und lud seine Freunde zu einem festlichen Abschiedsessen ein.

Am nächsten Morgen begleiteten ihn alle zum Erfurter Augustinerkloster und machten ein letztes Mal den Versuch, ihn von seinem Schritt abzuhalten. Aber für Luther gab es kein Zurück mehr. »*Heut seht ihr mich und nimmermehr!*«, sagte er zu ihnen und kurz darauf schloss sich die Klosterpforte hinter ihm. Als sein Vater davon erfuhr, war er außer sich vor Zorn und schrieb einen bösen Brief, in dem er sich von seinem ungehorsamen Sohn lossagte. Hans Luther war zwar ein frommer Mann, aber dass sein Sohn ein Mönch wird, das wollte er nicht. Die ganze aufwendige Ausbildung war nun umsonst gewesen. Hans Luther wollte nicht sein sauer verdientes Geld hergegeben haben, damit sein Sohn nun ein armer Mönch wird, der den Hof fegt und betteln geht.

Ein fast perfekter Mönch

Im sogenannten »Schwarzen Kloster« in Erfurt wurde Luther zunächst als Novize für ein Probejahr aufgenommen, um zu sehen, ob er überhaupt für das harte Leben als Mönch geeignet war. Er musste nun mitten in der Nacht aufstehen und an den Gebeten teilnehmen, er bekam nur zweimal am Tag eine karge Mahlzeit und verbrachte viele einsame Stunden in seiner kleinen ungeheizten Zelle mit dem Strohsack als Bett. Luther unterwarf sich nicht nur klaglos den Regeln des Klosters, er schien die Entbehrungen geradezu zu suchen. Darum war es keine Frage, dass er nach einem Jahr feierlich als Mönch aufgenommen wurde.

Die anderen Mönche betrachteten ihren neuen Mitbruder skeptisch. Einer, der studiert hatte, musste für sie überheblich und arrogant sein. Um seine Demut zu beweisen, durfte der Mönch Luther die Latrinen reinigen oder mit dem Sack auf dem Rücken zum Betteln in die Stadt gehen. Luther tat das alles, ohne zu murren, und mit Dankbarkeit. Er fastete auch länger als die anderen, betete mehr und schlief manchmal sogar auf dem nackten Steinboden. Zeitweise war er vom vielen Beten und Büßen so entkräftet, dass man um seine Gesundheit fürchten musste.

Doch für Luther schien es nie genug zu sein. Wenn seine Mitbrüder, wie es verlangt wurde, zweimal in der Woche beichteten, so wollte er jeden Tag beichten, und einmal verbrachte er sechs Stunden bei seinem Beichtvater. Sein Vorgesetzter und väterlicher Freund Johann von Staupitz konnte nicht verstehen, warum sein vielversprechender junger Zögling dauernd mit einem schlechten Gewissen herumlief. Wenn er wenigstens etwas Richtiges verbrochen hätte. Aber nein, alles, was Luther beichtete, waren für Staupitz »Humpelwerk und Puppensünden«. Und der Prior des Klosters meinte wohl auch den übereifrigen Luther, als er beklagte, dass es junge Mönche gebe, die zwölf Kegel treffen wollen, obwohl nur neun dastehen.

Was nach außen wie eine übertriebene Frömmigkeit

wirkte, war für Luther ein Kampf auf Leben und Tod. Stärker als andere war er durchdrungen vom Glauben, dass ein Mensch auf Dauer nur leben kann, wenn er sich akzeptiert fühlt, und diese Bejahung kann ihm kein anderer Mensch, sondern nur Gott geben. Wenn dieser Gott aber ein zorniger Richter ist, der mit Strafe und Gericht droht, dann muss dieser Mensch alles tun, um sich liebenswert zu machen, und er muss versuchen, alles loszuwerden, was an ihm störend ist und den göttlichen Zorn auf sich ziehen könnte. *Ist je ein Mönch in den Himmel gekommen durch Möncherei*, das war Luthers Vorsatz, *so wollte ich auch hineingekommen sein.*

Luther wollte wahrhaft »rein« werden. Aber ist das möglich? Bleibt nicht immer die Ungewissheit, ob da nicht doch noch ein dunkler Fleck ist? Kann man sich je sicher sein, ob die eigenen Anstrengungen auch belohnt werden? Luther kannte Mönche, die an diesen Zweifeln zerbrachen, die in eine Traurigkeit fielen, die man das »Bad des Satans« nannte. Luther wusste, was dieses Bad bedeutete. Er erlebte dunkle Momente, in denen er sich völlig verloren fühlte. *Da gibt es keine Flucht, keinen Trost*, so schilderte er diesen Zustand, *weder innen noch außen, sondern alles klagt an.* [...] *Es ist wunderlich zu sagen, dass in einem solchen Augenblick die Seele nicht glauben kann, dass sie je gerettet werden könne.*

Was Luther davor bewahrte, in diesen teuflischen Sumpf zu versinken, war wohl seine robuste Natur. Wie sehr er aber unter seinen Zweifeln litt und wie groß seine Angst vor Gott war, das zeigte sich, als er zum ersten Mal eine Messe halten musste. Damals, am 2. Mai 1506, stand er vor dem Altar und fürchtete sich so sehr vor dem Moment, da bei der heiligen Wandlung Gott präsent ist, dass er weglaufen wollte. Ein Mitbruder, der ihn entschlossen zum Weitermachen aufforderte, verhinderte den Eklat.

Luther blieb am Altar. Hinter ihm, in der voll besetzten Kirche, saß auch sein Vater Hans Luther. Er war mit einer ganzen Abordnung zu dem feierlichen Anlass aus Mansfeld nach Erfurt gekommen. Beim anschließenden Festessen spendierte der alte Luther zwanzig Gulden, was ein kleines Vermögen war. Sein Sohn Martin nahm das als eine Geste der Versöhnung und fragte seinen Vater vertrauensvoll, warum er denn damals so strikt dagegen war, dass sein Sohn ins Kloster ging.

Da zeigte sich, dass Hans Luther keineswegs versöhnt war. Vor allen Festgästen klagte er Martin an, gegen das vierte Gebot der Elternliebe verstoßen zu haben. Gegen den Willen der Eltern sei er ins Kloster gegangen. Seinen Vater und seine Mutter habe er im Stich gelassen, obwohl sie so viel Geld in seine Ausbildung gesteckt hätten und im Alter seine Hilfe gebrauchen könnten. Als einige Leute, die diese Auseinandersetzung zwischen Vater und Sohn mitbekamen, Hans Luther besänftigen wollten und ihn an das Ereignis mit dem Blitz und an Martins Gelübde erinnerten, knurrte der Alte nur: »Wollte nur Gott, dass es nicht ein Teufelstrug war.« Luther hat diese Worte seines Vaters nie vergessen. Zu einer Aussöhnung mit ihm ist es nicht mehr gekommen.

Steine statt Brot

Eigentlich hatte Luther gedacht, dass er sein Leben lang Mönch bleiben würde. Seine Oberen aber hatten anderes mit ihm vor. Trotz seiner überzogenen Frömmigkeit war er doch offenbar hochbegabt. Johann von Staupitz, der große Stücke auf Luther hielt, wollte, dass er den Doktorgrad erwirbt, um dann als Lehrer an einer Hochschule zu wirken. Das war ungewöhnlich, denn normalerweise bekam niemand vor dem fünfzigsten Lebensjahr die Doktorwürde verliehen, und Luther war erst dreiundzwanzig.

Somit ging sein Wunsch, einmal Theologie zu studieren, in Erfüllung. Doch von dem Studium, das er in Erfurt begann und in Wittenberg fortsetzte, war er enttäuscht. Als Mönch im Kloster hatte er die Bibel von vorne bis hinten gelesen, und er konnte behaupten, dass ihm jede Stelle vertraut war. Er hatte die Psalmen und Sprüche nicht gedankenlos auswendig gelernt, sondern so lange über einem Satz, einem Wort gebrütet, bis sich ihm der Sinn erschlossen oder er zumindest einen Zugang gefunden hatte. So war für Luther das Lesen der Bibel eine existenzielle Meditation geworden.

Als Student der Theologie musste er dagegen die Bibel wie eine historische Schrift betrachten und Kommentare lesen, in denen von der elementaren Kraft der Bibel nichts mehr zu spüren war. Statt dem sättigenden Brot, das Luther erhofft hatte, wurde er nun mit den Steinen der theologischen Begriffe und mit dem Sägemehl spitzfindiger Erklärungen abgespeist. Seiner Unzufriedenheit hat er erst später Luft gemacht und in seiner deftigen Art die theologischen Fachleute als *Sautheologen* und *Eselsköpfe* beschimpft.

An der Universität zu Wittenberg, wo Luther den größten Teil seines Studiums absolvierte, lernte er, was von ihm verlangt wurde. Und am 18. Oktober 1512 wurde er vom Dekan zum »Doktor der Heiligen Schrift« erklärt und leistete am folgenden Tag seinen Eid, mit dem er sich verpflichtete, keine von der Kirche verdammten Lehren zu verbreiten. Als Doktor musste er nun nicht nur Vorlesungen halten, sondern wurde darüber hinaus noch mit einer Fülle von Aufgaben belastet. Er war Prediger an zwei Kirchen, hatte die Aufsicht über elf Klöster und einen Fischteich und sollte nebenbei noch Schriften verfassen und übersetzen.

Bei diesem riesigen Arbeitspensum blieb, so möchte man meinen, kein Platz mehr für persönliche Anliegen. Doch in Luther tobte weiterhin der Kampf mit seinem Gott; verglichen damit waren ihm alle öffentlichen Ämter nebensächlich. Das merkte man auch in seinen Vorlesungen, wo er mehr und mehr die gewohnten Pfade verließ. Offenbar wollte er seinen Studenten seine eigene Enttäuschung mit der Theologie ersparen. Wichtiger als der Ballast gelehrter Auslegungen war ihm die Bibel selbst, und er lehrte seine Zuhörer, genau auf jedes Wort zu hören und nicht über dem Text zu stehen, sondern sich von ihm leiten und sich mitreißen zu lassen. Das wiederum entsprach ganz Luthers persönlichem Umgang mit der Bibel, den er in jeder freien Minute pflegte.

Der Kampf im Turm

Seit 1512 hatte Luther seine Studierstube in einem Turm an der Südwestecke des Wittenberger Augustinerklosters. Dorthin zog er sich zurück, um seine Vorlesungen vorzubereiten, zu schreiben und in der Bibel zu lesen. In letzter Zeit war er immer wieder an einer Stelle hängen geblieben, die einfach nicht aufgehen wollte. Sie stand im Römerbrief des Apostels Paulus und es war dort von der »Gerechtigkeit« Gottes die Rede.

Luther hasste dieses Wort. Wenn er es hörte, so konnte er sich nur einen gerechten Gott vorstellen, mit dem verglichen der Mensch immer sündig und fehlerhaft erscheinen müsse. Einen solchen Gott konnte Luther nicht lieben, im Gegenteil, er verachtete ihn. Nicht genug, dass dieser Gott über alles erhaben war, nein, er stellte auch noch Gebote auf und drohte mit Strafen und Höllenqualen.

Auch für sich selbst erschien es Luther aussichtslos, Gottes Forderungen erfüllen zu wollen. Hatte er als Mönch nicht alles und oft mehr als alles getan, um »rein« dazustehen und so von Gott angenommen zu werden? Nun musste er zugeben, dass alles nichts genutzt hatte. Er war nicht glücklicher geworden und sein schlechtes Gewissen plagte ihn schlimmer als je zuvor. *Je länger wir uns waschen*, so stellte er resigniert fest, *je unreiner werden wir.*

Doch damit wollte sich Luther nicht abfinden. Es konnte und durfte nicht sein, dass ein gerechter Gott und die sündhaften Menschen sich auf ewig unversöhnlich gegenüberstehen. Es durfte nicht sein, dass Gott ein Sadist ist, der von Menschen etwas verlangt, was sie nicht erfüllen können, und der ihnen ihre ausweglose Lage auch noch ständig vor Augen hält. Es musste eine Brücke zwischen Gott und den Menschen geben, eine Brücke, die den schuldhaften Einzelnen aus seiner Hilflosigkeit befreit und durch die Gott ein Vater wird, den man lieben kann.

Tag und Nacht grübelte Luther über die Worte des Paulus: »Der Gerechte wird aus Glauben leben.« Er tobte und litt und schrie und ließ nicht locker. Denn in den Pauluswortten musste etwas verborgen sein, was er nicht verstand. Und er wollte es verstehen, unbedingt. Dann, irgendwann, löste sich tatsächlich der Knoten und Luther begann zu begreifen: Für Paulus ist Gott kein selbstherrlicher Richter, er ist wie ein liebender Vater, der Menschen gerecht macht, das heißt, der ihnen hilft und Ja zu ihnen sagt, auch wenn sie Fehler haben, schwach sind und immer wieder schuldig werden.

Aber nicht auf die Worte kam es Luther jetzt an. Seine Einsicht war für ihn lebendiges Wissen geworden wie eine Kraft, die ihn stärkte und die ihn alles, sich selbst und die Welt, in einem völlig neuen Licht sehen ließ. *Da fühlte ich mich,* so erinnerte sich Luther später, *wie neugeboren und wie durch offene Pforten in den höchsten Himmel eingegangen.*

Das Erlebnis im Turmzimmer zu Wittenberg machte aus dem braven und papsttreuen Mönch und Lehrer einen Revolutionär. Am Vorabend des Allerheiligenfestes, dem 31. Oktober 1517, nagelte er seine Thesen an die Wittenberger Schlosskirche und löste damit einen Sturm aus. Luther wurde zum Wortführer einer Rebellion, die ein völlig neues Verständnis des christlichen Glaubens forderte und die schließlich später zur Kirchenspaltung führte.

Blaise Pascal
oder
Die Pflicht zu suchen

Es war ein herbstlicher Tag im Jahre 1635, als Etienne Pascal abends von einer wissenschaftlichen Versammlung nach Hause kam. Er war Witwer und vor einigen Jahren mit seinen drei Kindern nach Paris gezogen. Seither war er fast ausschließlich damit beschäftigt, seine zwei Töchter Gilberte und Jacqueline und seinen Sohn Blaise zu erziehen und zu unterrichten. Vor allem der zwölfjährige Blaise war sehr begabt und lernbegierig. Er sprach schon so gut Latein, dass sich die beiden in dieser Sprache fließend unterhalten konnten. Etienne Pascals Grundsatz war, seinen Sohn nicht zu überfordern, darum hatte er ihm bis jetzt noch keinen Unterricht in Mathematik gegeben.

An jenem Abend wollte Etienne Pascal noch nach seinem Sohn sehen und ging in dessen Zimmer. Als er eintrat, kniete Blaise auf dem Boden und zeichnete mit einem Stück Kreide geometrische Figuren auf die Fliesen. Kaum dass er seinen Vater bemerkte, hörte er erschrocken auf, denn der hatte ihm verboten, sich mit solchen Dingen zu beschäftigen. Als Etienne Pascal ihn fragte, was er da mache, zeigte ihm Blaise seine Zeichnungen. Er sprach von einem »Rund« und einer »Stange«, weil er die Bezeichnungen Kreis und Linie nicht kannte, und er erklärte, welche Zusammenhänge und Regeln er herausgefunden habe.

Etienne Pascal hörte verblüfft zu, denn sein Sohn war gerade ohne jede Hilfe auf die Grundlagen der Mathematik gestoßen. Sprachlos verließ er das Zimmer und eilte zu einem Freund, wo er völlig verwirrt ankam und atemlos erzählte, was er erlebt hatte. Der Freund riet ihm, das mathematische Talent seines Sohnes zu fördern und ihm Fachbücher zu geben. Etienne Pascal ging noch weiter: Er bat in der berühmten Pariser Akademie um die Erlaubnis, seinen Sohn zu den Versammlungen mitnehmen zu dürfen. Seine Bitte wurde ihm erfüllt. Und nun saß dort unter den berühmtesten Wissenschaftlern der Zeit ein zwölfjähriges Wunderkind.

Blaise Pascal war nicht nur ein mathematisches Genie, in späteren Jahren wurde er Physiker, Ingenieur – und auch ein großer Philosoph und ein bekennender Christ. Diese Entwicklung verlief nicht geradlinig. Pascal gelangte immer wieder an Punkte, wo er nicht weiterwusste und von Zweifeln geplagt wurde. Zweifel zu haben, war für ihn aber nicht schlimm. Schlimm war es seiner Ansicht nach, wenn man aufhörte zu suchen. In seinem späteren Hauptwerk, den sogenannten *Pensées* (»Gedanken über die Religion und andere Gegenstände«), spricht Pascal sogar von der *Pflicht zu suchen*, denn, so meint er, *es geht um uns selbst, und um unser Alles.*

Hexen und Astronomen

Als Blaise Pascal am 19. Juni 1623 geboren wurde, lebte die Familie noch in der Kleinstadt Clermont, im Herzen Frankreichs, und Etienne Pascal war als königlicher Beamter für Steuerfragen zuständig. Der kleine Blaise war von Anfang an der Liebling des Vaters, aber auch sein Sorgenkind, denn er litt unter unerklärlichen Anfällen. Jedes Mal, wenn er fließendes Wasser sah oder beobachtete, wie seine Eltern zärtlich zueinander waren, bekam er Krämpfe oder fiel in eine Art Ohnmacht.

Die Ärzte konnten sich diese Anfälle weder erklären noch etwas dagegen tun. Etienne Pascal war schließlich so verzweifelt, dass er seinen Grundsätzen als Wissenschaftler untreu wurde und daran glaubte, dass sein Sohn verhext worden sei. Er stellte die alte Frau, die er in Verdacht hatte, zur Rede und drohte ihr sogar mit dem Scheiterhaufen, wenn sie nicht den Fluch von seinem Sohn nähme. Die angebliche Hexe braute in ihrer Not einen geheimnisvollen Brei, den sie auf einen Verband strich und damit Blaise einwickelte. Der Junge bekam daraufhin einen Anfall, der schlimmer war als alle zuvor, und man glaubte schon, er müsse sterben. Doch plötzlich beruhigte er sich und lächelte. Er war geheilt. Weder fließendes Wasser noch die Zärtlichkeiten seiner Eltern untereinander machten ihm mehr etwas aus.

Die Geschichte zeigt, wie widersprüchlich die Zeit war, in der Blaise Pascal aufwuchs. Einerseits glaubten die Menschen noch an Hexen und dass die Erde der Mittelpunkt von Gottes Schöpfung sei und der Mond nur ein ans Firmament genageltes Bild. Andererseits hatte der Astronom Galileo Galilei mit Fernrohren die Planeten beobachtet und verkündete nun, dass die Erde sich um die Sonne drehe. Die Kirche verurteilte Galileo zum Schweigen, aber überall in den großen Städten bildeten sich wissenschaftliche Akademien. Der Siegeszug der modernen Wissenschaften war nicht mehr aufzuhalten.

Der Vater als Lehrer

Nicht lange nach seiner wundersamen Heilung starb Pascals Mutter. Eine Haushälterin kümmerte sich nun um die Kinder. Die wichtigste Person in ihrem Leben blieb der Vater, der sich am liebsten ausschließlich der Erziehung seiner Kinder gewidmet hätte. Als seine beruflichen Pläne scheiterten und er eine Stelle, auf die er sich beworben hatte, nicht bekam, beschloss Etienne Pascal, alle Ämter abzulegen und als Privatgelehrter und Lehrer seiner Kinder zu leben.

Anfang des Jahres 1631 zog er mit der zehnjährigen Gilberte, dem achtjährigen Blaise und der sechsjährigen Jacqueline nach Paris. Auch in der französischen Hauptstadt besuchten die Kinder keine Schule. Etienne Pascal hielt alle Schulen für rückständig, er hatte seine eigenen Vorstellungen von Unterricht. Vor allem kam es ihm darauf an, die Lust am Verstehen zu fördern. Darum achtete er sehr genau darauf, nie mehr von seinen Kindern zu verlangen, als es ihren Fähigkeiten entsprach. Auch brachte er ihnen nichts bei, ohne dass sie verstanden, warum das Gelernte sinnvoll und nützlich war.

So mussten Gilberte, Blaise und Jacqueline auch nicht irgendwelche abstrakten grammatischen Regeln auswendig lernen. Gelegentlich wies ihr Vater sie im Gespräch darauf hin, wie verschieden die Wörter sind und dass es wichtig ist, Substantive von Adjektiven oder Verben zu unterscheiden. Etienne Pascal benutzte für seinen Unterricht ungern Bücher. Lieber unterrichtete er seine Kinder im lebendigen Gespräch, oder er erfand eigene Hilfsmittel, indem er zum Beispiel zum Lesenlernen die Buchstaben auf einen Karton malte und dann sorgfältig ausschnitt.

Alles geschah ohne Zwang und ganz aus dem alltäglichen Erleben heraus. Sogar beim Essen unterhielt sich die Familie über neue Erfindungen und erstaunliche Naturphänomene. Gilberte erinnerte sich später, wie begeistert der Vater einmal bei Tisch von der ungeheuren Wirkung des Schießpulvers erzählte und wie fasziniert sie ihm alle zuhörten. Vor allem Blaise machten diese Gespräche großes Vergnügen, und er hörte nie auf zu fragen, bis er einer Sache auf den Grund gegangen war.

Auf diese Weise erweckte alles seine Neugier. Als einmal bei Tisch jemand mit dem Messer unabsichtlich gegen ein Trinkglas stieß, wollte er sofort wissen, warum das einen Ton gab und warum der Ton sofort verstummte, wenn man die Hand auf das Glas legte. Um das herauszufinden, machte er verschiedene Experimente und schrieb darüber sogar eine Abhandlung.

Durch seinen Vater hatte Blaise gelernt, logisch zu denken und alle Erkenntnis aus der Erfahrung abzuleiten. Das führte jedoch nicht dazu, dass alles, was mit Religion und Glaube zu tun hatte, im Hause Pascal ignoriert oder gar abgelehnt wurde. Etienne Pascal war zwar nicht besonders fromm, aber er hatte großen Respekt vor der Religion und hielt auch seine Kinder dazu an, Kirche und Glauben zu achten. Sie sollten akzeptieren, dass Vernunft und Glaube zwei verschiedene Dinge sind und jeder Bereich seine eigenen Maßstäbe hat, die man nicht gegeneinander ausspielen darf. Was die Maßstäbe des Glaubens sind, darüber würde Blaise sich erst später Gedanken machen – und zu der Auffassung kommen, dass Glaube und Vernunft sich keineswegs ausschließen, sondern in einer umfassenden Sicht der Wirklichkeit zusammengehören.

Jacqueline

In Paris verkehrte Etienne Pascal mit vielen gleich gesinnten Forschern und war als Mathematiker allseits anerkannt. Das Leben seiner Kinder war dagegen beschränkt auf das Haus. Andere Gleichaltrige bekamen sie kaum zu sehen. Blaise hatte anfangs nur Umgang mit seinen zwei Schwestern und der Haushälterin. In dieser geschlossenen Welt entwickelten die Geschwister ein sehr enges Verhältnis zueinander. Vor allem Blaise und Jacqueline waren unzertrennlich. Anders als ihr Bruder hatte Jacqueline eine Vorliebe für Literatur und Theater, und sie zeigte ein großes Talent darin, aus dem Stegreif Gedichte zu machen. Diese Fähigkeit sollte für die Familie noch einmal sehr nützlich werden.

Im Jahr 1638 bekam Etienne Pascal Ärger mit den Behörden, weil er zusammen mit anderen gegen willkürliche Beschlüsse des Justizministers protestiert hatte. Er wurde von der Polizei gesucht und musste fürchten, ins Gefängnis geworfen zu werden. Schließlich gelang es ihm, aus Paris zu flüchten und sich auf dem Land zu verstecken. Seine Familie blieb in Paris zurück und musste mit wenig Geld über die Runden kommen.

In dieser Notlage erwies sich Jacquelines Begabung als die Rettung für die Familie. Ihr poetisches Talent hatte sich weit herumgesprochen, sogar bis zur Königin, die neugierig war auf dieses Wunderkind und es kennenlernen wollte. Jacqueline machte einen so großen Eindruck auf die Königin, dass sie nun fast jeden Tag an den Hof geholt wurde. Auch der einflussreiche Kardinal Richelieu war verzaubert vom Charme und dem künstlerischen Talent des dreizehnjährigen Mädchens, das diesen Einfluss dazu nutzte, um Gnade für ihren Vater zu bitten. Etienne Pascal wurde nicht nur begnadigt, er wurde sogar zum stellvertretenden königlichen Intendanten für die Normandie ernannt.

Die Rechenmaschine

Im Frühjahr 1640 zog die Familie nach Rouen, die Hauptstadt der Normandie. Etienne Pascal trat seine neue Stelle mit gemischten Gefühlen an. Mit seinem Leben als ungebundener Freigeist war es nun vorbei, dafür hatte er nun einen angesehenen und gut bezahlten Posten. Für den sechzehnjährigen Blaise war es keine Frage, dass er bei der Familie blieb, aber Paris verließ er nur ungern. Dort war man zunehmend auf ihn aufmerksam geworden und von manchem namhaften Forscher wurde er als junges Genie verehrt. Noch vor Kurzem hatte er eine *Abhandlung über Kegelschnitte* verfasst und damit in der Akademie für großes Aufsehen gesorgt.

In Rouen gab es dieses anregende Umfeld nicht. Blaise betrieb seine Studien alleine weiter und half dem Vater bei seiner Arbeit. Etienne Pascal musste Steuern berechnen und eintreiben. Eines Tages kam Blaise auf die Idee, dem Vater die umfangreichen Rechnereien zu erleichtern und eine Rechenmaschine zu bauen. Er zeichnete Pläne, nach denen er Handwerker einen Apparat herstellen ließ. Der funktionierte zwar, das große Geschäft, das sich Blaise von seiner Erfindung erwartet hatte, kam jedoch nicht zustande. Zu aufwendig war die Herstellung, zu kompliziert die Bedienung. Blaise konnte nur wenige Exemplare verkaufen. Er wusste nicht, dass es in ferner Zukunft einmal sogenannte Computer geben würde, die auf der Grundlage seiner Rechenmaschine funktionieren.

Blaise Pascal hatte anscheinend erhofft, durch seine Erfindung finanziell unabhängig zu werden und nicht, wie sein Vater, eine aufreibende Arbeit annehmen zu müssen. Einen normalen Beruf zu ergreifen, daran hatte Blaise nie gedacht. Er wollte seinen Studien nachgehen, und dazu brauchte er den sicheren Halt seiner Familie. Darum war es für ihn ein schwerer Schlag, als Gilberte heiratete und von Rouen wegzog. Und als auch Jacqueline einen Heiratsantrag bekam, geriet Blaise in Panik. Er wurde krank und litt unter heftigen Kopf- und Bauchschmerzen. Es wurde erst besser, als Jacqueline den Antrag zurückwies und auf eine Heirat verzichtete.

Die göttliche Gnade und das Gewicht der Luft

An einem Winterabend im Jahre 1646 rutschte Blaise' Vater auf der vereisten Straße aus und brach sich ein Bein. Dieser Unfall hatte weitreichende Folgen. Die beiden Ärzte, die Etienne Pascal behandelten, waren nämlich Jansenisten. Die Anhänger dieser nach dem Bischof Cornelius Jansen benannten Bewegung waren davon überzeugt, dass der Mensch seine Erlösung durch nichts beeinflussen kann, auch nicht durch gute Werke, sondern einzig und allein auf die Gnade Gottes angewiesen ist. Diese Lehre war auch eine Kritik an der machthungrigen Kirche und an selbstgerechten Kirchenmännern. Die Jansenisten verlangten dagegen, sich selbst zu erkennen und ein bescheidenes Leben zu führen. Diesem Ruf folgten viele Menschen, darunter auch bekannte Persönlichkeiten, die ihre Stellung aufgaben und sich in ärmliche Häuser nahe dem Kloster Port-Royal, dem Zentrum der Jansenisten, zurückzogen.

Die beiden Ärzte heilten nicht nur Etienne Pascals Bein, sie begeisterten ihn auch für die Ideen des Jansenismus. Durch ihren Vater wurde auch Jacqueline von dieser Begeisterung angesteckt. Nur Blaise blieb vorerst von jenen Ideen unberührt. Er war vollauf damit beschäftigt, Experimente durchzuführen, mit denen er beweisen wollte, dass auch die Luft ein Gewicht hat, welches auf einem Berg geringer ist als an einem niedriger gelegenen Ort. Dieser Nachweis gelang ihm auch und noch heute wird der Luftdruck in Hektopascal gemessen.

Im Sommer 1647 kehrten Blaise und Jacqueline nach Paris zurück und bezogen ihr altes Haus in der Rue Brisemiche. Blaise ging es gesundheitlich nicht gut. Seine Kopf- und Magenschmerzen waren schlimmer geworden und Jacqueline pflegte ihn. Für Blaise war das Zusammensein mit Jacqueline wie eine Ehe. Nach außen sprach er von einer *Allianz*, und er wünschte sich, so schrieb er an seine ältere Schwester, dass sie *ohne Ende sein wird*.

Das Ende war aber schon abzusehen. Jacqueline wollte eigene Wege gehen. Eine Schriftstellerin zu werden, war ihr als Frau verwehrt. Die Pläne, selbst eine Familie zu gründen, hatte sie aufgegeben. Jetzt wollte sie ihrer religiösen Berufung folgen und in das Kloster Port-Royal eintreten. Blaise wollte das unbedingt verhindern und schaltete seinen Vater ein. Der bat seine Tochter, mit diesem Schritt wenigstens bis zu seinem Tod zu warten. Jacqueline willigte ein. Doch ab jetzt schwebte die nahende Trennung über der *Allianz*.

Ein gewagter Sprung

Vielleicht war es die Aussicht, eines Tages den Menschen zu verlieren, der ihm am meisten bedeutete, was dazu führte, dass Blaise Pascal nun sein Leben änderte. Er, der bisher ein Einzelgänger gewesen war und wenige Freunde hatte, stürzte sich in das bunte Leben von Paris. Man sah ihn jetzt in den Salons und bei den Vergnügungen der Reichen und Berühmten. Überall war er ein gern gesehener Gast, weil er mit einer natürlichen Eleganz auftrat und so klug über alle möglichen Dinge sprechen konnte. Für seine Schwestern war Blaise' Veränderung ein Absturz und sie hätten später am liebsten diese wilde Zeit ihres Bruders aus ihrer Erinnerung gestrichen. Sie sahen nicht oder wollten nicht sehen, dass Blaise auf der Suche war und dass sich etwas Neues in ihm anbahnte.

Blaise Pascal hat später den Gedanken geäußert, dass die menschliche Existenz nach Stufen aufgebaut ist. Von einer Stufe auf die andere gelangt ein Mensch aber nicht einfach dadurch, dass er älter wird oder Erfahrungen sammelt. Vielmehr ist es so, dass er an den Rand einer Lebensform kommt und dann einen Sprung wagen muss. Nur so kann er eine neue Stufe erreichen, und das heißt einen neuen, umfassenderen Blick auf die Wirklichkeit und auf sein Leben gewinnen.

Offenbar hat Pascal einen solchen Sprung gewagt. Er forschte nicht mehr nur den Gesetzen der Natur nach, sondern er begann, in den Salons und Tanzsälen der vornehmen Pariser Gesellschaft die Menschen zu studieren. Und er machte eine interessante Entdeckung: *Wenn ich mich zuweilen damit beschäftigt habe, die vielgestaltige Unrast der Menschen zu betrachten, die Gefahren und Mühen, denen sie sich aussetzten: am Hofe, im Kriege, woraus so viele Streitigkeiten, Leidenschaften, kühne und oft böse Unternehmungen entstehen, habe ich entdeckt, dass alles Unglück der Menschen aus einer einzigen Ursache kommt: nämlich dass sie unfähig sind, ruhig in einem Zimmer bleiben zu können.* Die Menschen waren, so folgerte Pascal, anscheinend von dem Drang besessen, sich zu zerstreuen, zu vergnügen. Sie feierten Feste, erfanden Spiele, machten Treibjagden oder unternahmen Reisen. Pascal hatte den Eindruck, dass die Leute dauernd Lärm und Bewegung brauchen, um sich möglichst pausenlos abzulenken. Nichts scheint für sie schlimmer zu sein, als wenn man sie allein und ohne Beschäftigung lässt. Denn sobald sie zur Ruhe kämen, würden sie in Langeweile und Verzweiflung versinken. Es würde ihnen bewusst werden, wie leer und armselig ihr Dasein ist, wie klein und unbedeutend ihr kurzes Leben ist angesichts der Ewigkeit und der unermesslichen Weite des Weltalls. Andererseits sei der Mensch aber auch der Natur weit überlegen, weil er denken und seine Lage erkennen kann. Somit sei er hin- und hergerissen zwischen seinem Elend und seiner Würde, seiner Nichtigkeit und seiner Größe.

In dieser Spannung lebt für Pascal jeder Mensch. Es geht ihm aber nicht darum, den Menschen ihre Verlorenheit vor Augen zu führen, sondern um die Möglichkeiten nach oben, die in jedem stecken. *Der Mensch,* so schreibt er einmal, *überschreitet den Menschen unendlich.* Das heißt aber auch, dass jeder nur dann wirklich ein Mensch wird, wenn er es wagt, über sich hinauszugehen, mehr zu sein als nur ein »Mensch«. Und das bedeutet letztlich, Gott zu suchen und sich ihm zu öffnen. Pascal: *Gott verbirgt sich vor denen, die ihn nicht suchen, und er enthüllt sich denen, die ihn suchen.*

Das Licht um Mitternacht

Am 24. September 1651 starb Pascals Vater. Einige Monate später verließ Jacqueline die gemeinsame Wohnung und trat in das Kloster Port-Royal am Stadtrand von Paris ein. Pascal verweigerte ihr zunächst das ihr zustehende Erbteil. Erst als Jacqueline durch den Streit um das Erbe so geschwächt wurde, dass sie erkrankte, zahlte Blaise ihr das Geld aus.

Pascal lebte nun allein. Er trieb seine wissenschaftlichen Forschungen weiter, entdeckte die Gesetze der Hydraulik und entwarf die Grundlagen der Wahrscheinlichkeitsrechnung. Daneben schrieb er seine Gedanken über das Wesen des Menschen nieder, aus denen einmal ein großes Werk werden sollte.

Wann immer es seine angeschlagene Gesundheit erlaubte, fuhr er hinaus zum Kloster Port-Royal, um lange mit seiner Schwester zu reden. Er zog sogar in eine andere Wohnung, um Jacqueline näher zu sein.

Andere Menschen traf er kaum noch. Er zog sich immer mehr zurück und verwahrloste. Er aß nur noch wenig, achtete nicht mehr auf seine Kleider und wusch sich nicht mehr.

An einem grauen Novembertag 1654 fuhr Pascal wieder nach Port-Royal, traf aber seine Schwester nicht an und unterhielt sich dafür lange mit deren Beichtvater. Aufgewühlt kehrte er dann in seine Wohnung in der Rue des Francs Bourgeois zurück, schickte alle Bediensteten weg und schloss sich ein. Zwei Tage lang las er in der Bibel, ohne zu schlafen, zu essen und zu trinken.

Am Abend des 23. November, es war ein Dienstag, ziemlich genau um halb elf passierte etwas mit Blaise Pascal. Er war plötzlich wie von einem grellen Licht geblendet und fiel in eine Art Trance. Dieser Zustand dauerte etwa zwei Stunden. Als Pascal nach Mitternacht wieder einigermaßen bei sich war, griff er schnell zu Stift und Papier. Zitternd vor Erregung wollte er festhalten, was er erlebt hatte. Was er dann auf einen Zettel schrieb, war eine Reihe wie im Fieber ausgestoßener Sätze, Ausrufe. In der ersten Zeile stand nur das groß geschriebene Wort *FEUER*. Dann Ausrufe wie *Gewissheit. Gewissheit. Empfindung. Freude. Friede* oder Sätze wie *Ich habe mich von ihm getrennt; bin vor ihm geflohen, ich habe ihn verleugnet, gekreuzigt.*

Für Pascal stand außer Zweifel, dass er eine Offenbarung erlebt hatte. Er hat Gott gesucht und der hat sich ihm gezeigt, mit einer Klarheit und einer Evidenz, die überwältigend waren und keine Zweifel zuließen. Bisher hatte Pascal mit Begriffen über Gott nachgedacht. Nun war für ihn Gott kein Gedanke mehr, sondern eine Realität.

Seine Schwester Gilberte hat behauptet, dass Blaise nach diesem Ereignis seine wissenschaftlichen Arbeiten aufgegeben habe. Das ist nachweislich falsch. Pascal hörte nicht auf, Mathematiker und Physiker zu sein. Er führte weiter Experimente durch und schrieb mathematische Abhandlungen. Glaube und Vernunft schlossen sich für ihn nicht aus. Er wusste, dass jeder Bereich mit einer eigenen Haltung, einem eigenen *Blick* verbunden ist. Für seine Forschungen brauchte er einen scharfen Verstand und logisches Denken. Um Menschen zu beobachten und sie zu verstehen, brauchte er die Gabe, hinter die Oberfläche zu sehen und das Innere zu erkennen. Und den Blick, den man braucht, um Gott zu erkennen, nennt Pascal *cœur*, also *Herz*.

Was er damit meint, ist nicht ein schwärmerisches Gefühl. *Herz* ist für Pascal jenes Organ, mit dem der Mensch erkennen kann, was wertvoll und sinnvoll ist. Diese Fähigkeit macht ihn empfänglich für Liebe, auch für die göttliche Liebe, und er kann darauf wieder mit Liebe antworten. *Herz* ist nicht nur die höchste Erkenntnis, sie liegt allen anderen Erkenntnisformen zugrunde. Wir erfassen mit dem Herzen sozusagen instinktiv, was richtig und wahr ist, und können es dann mit unserer Vernunft überprüfen. Insofern kann der Mensch die Wirklichkeit nur verstehen, wenn er liebt. Oder wie Pascal es ausdrückt. Vernunft und Liebe *sind nur ein einzig Ding*.

Der Schatz in der Jacke

Diese liebende Vernunft oder vernünftige Liebe war es wohl auch, die Pascal dazu bewegte, sich in den Streit zwischen den Jesuiten und den Jansenisten einzuschalten. Er schrieb Flugblätter in Briefform, in denen er jene Jesuiten aufs Korn nahm, die eine Schuldfrage so lange drehten und wendeten, bis jede Schuld wegerklärt war. Diese sogenannten *Provinzbriefe* fanden weite Verbreitung, und alle rätselten, wer wohl der Verfasser sei. Pascal musste sich hinter einem falschen Namen verstecken, denn diese Briefe waren auch ein Angriff auf den hohen Klerus und die Mächtigen, die sich von den Jesuiten ihre großen und kleinen Sünden reinwaschen ließen.

Pascal lebte in der ständigen Gefahr, als Verfasser der Flugblätter entdeckt und verurteilt zu werden. Er schrieb trotzdem weiter. Angst hatte er keine. Seit jener Nacht war ihm sein Leben nicht mehr so wichtig. Er hatte auch beschlossen, auf alle Annehmlichkeiten in Zukunft zu verzichten, und er begann damit, seine Möbel, Wandbehänge und Bilder zu verschenken. Auch wollte er überflüssige Gespräche und Besuche vermeiden. Er musste mit seinen Kräften sparsam umgehen, denn mit seiner Gesundheit stand es schlecht. Seine Kopfschmerzen waren so unerträglich geworden, dass er zu geistiger Arbeit kaum mehr fähig war.

Pascal trug alles mit Fassung. Seine Gedanken waren nur noch darauf ausgerichtet, sich zurückzunehmen und anderen zu helfen. Einmal sprach ihn auf der Straße ein junges Mädchen an und bat ihn um ein Almosen. Pascal brachte sie zu einem Pfarrer und gab ihm Geld, damit er sich um das Mädchen kümmerte. Am nächsten Tag schickte er Kleider und sorgte dafür, dass die junge Frau eine Stellung bekam. Als der Geistliche unbedingt den Namen des Wohltäters erfahren wollte, weigerte sich Pascal entschieden. Er wollte unerkannt bleiben. Jede Form von Eitelkeit, gerade auch die, die sich hinter frommen Taten versteckt, war für ihn *hassenswert*.

Am 4. Oktober 1661 starb Jacqueline. Die Gegner der Jansenisten hatten die Schwestern von Port-Royal immer stärker unter Druck gesetzt, ihrem Glauben abzuschwören. Jacqueline hatte in ihrem Leben oft nachgegeben, dieses Mal wollte sie standhaft bleiben. Aber die Angst davor, ihren Glauben verraten und Port-Royal verlassen zu müssen, hatte sie zermürbt und ihr letztlich die Lebenskraft genommen. So musste sie es nicht mehr miterleben, wie ihre Schwestern vertrieben und das Kloster gewaltsam aufgelöst wurde.

Blaise bewunderte seine Schwester für ihre Haltung,

und man konnte den Eindruck haben, dass er ihr so schnell wie möglich nachfolgen wollte. Er hatte fast sein ganzes Vermögen verschenkt und lebte in einer leeren Wohnung, die er schließlich auch noch einer obdachlosen Familie überließ. Seine Schwester Gilberte nahm ihn zu sich. Sie musste ihn pflegen, so drastisch hatte sich sein gesundheitlicher Zustand verschlechtert. Die Ärzte konnten keine Krankheit feststellen und hielten ihn für gesund. Er musste hartnäckig darum bitten, nach einem Priester zu schicken, der ihm die letzte Ölung gab.

Am 19. August 1662, um ein Uhr morgens, starb Blaise Pascal. Er wurde neununddreißig Jahre und zwei Monate alt. Einen Tag nach seinem Tod bemerkte ein Diener zufällig einen festen Gegenstand in seiner Jacke. Er trennte die Naht auf und fand ein gefaltetes Stück Pergament. Es war der Zettel, den Blaise Pascal in der Nacht seiner Offenbarung beschrieben hatte. Die Erinnerung an jene Nacht war ihm so wichtig gewesen, dass er das Papier immer bei sich haben wollte und es jedes Mal in seine Jacke einnähte, wenn er seine Kleidung wechselte.

Edith Stein
oder
Die Entdeckung der Gelassenheit

Wie jedes Jahr versammeln sich auch am letzten Schultag des Jahres 1900 alle Schülerinnen der Viktoriaschule in Breslau in der großen Aula. Es wird eine kurze Andacht gehalten, und dann gibt der Direktor bekannt, wer versetzt wird und wer nicht und welchen Rang jede Schülerin in ihrer Klasse einnimmt. Zum Schluss werden die Besten aus den neun Klassen nach vorne gerufen und erhalten aus der Hand des Direktors eine Prämie.

Beste der dritten Klasse, so verkündet der Direktor, sei die Schülerin Edith Stein. Aus den dicht gedrängten Reihen bahnt sich ein kleines achtjähriges Mädchen den Weg nach vorne, wo auf einem Podium alle Lehrer sitzen. Der zierlichen Edith mit den blonden Zöpfen ist es peinlich, von allen so angestarrt zu werden, und sie ist sichtlich erleichtert, als sie mit ihrem Geschenk, einem Buch, wieder auf ihren Platz in der Menge zurückkehren darf, wo ihre älteren Schwestern und die Freundinnen ihr auf die Schulter klopfen und sie beglückwünschen.

Zu Hause ist dann die Freude groß über Ediths gutes Zeugnis. Von der Mutter bekommt sie zur Belohnung noch ein weiteres Geschenk. Edith freut sich darüber, aber die ganze Aufregung um ihre Person ist ihr zu viel. Nachmittags geht sie am liebsten auf den Lagerplatz, der zur Holzhandlung ihrer Mutter gehört. Sie klettert die aufgestapelten Bretter hinauf und versteckt sich in den Hohlräumen. Erst seitdem Edith in die Schule geht, ist sie ruhiger geworden und zieht sich gerne allein zurück. Vorher war sie ein wahrer Wirbelwind und brachte mit ihrem Bewegungsdrang und ihren Zornausbrüchen alle zur Verzweiflung. Manchmal wusste sich ihre Mutter nicht mehr zu helfen und sperrte sie in eine dunkle Kammer. Edith trommelte mit ihren Fäusten so lange gegen die Tür und schrie so laut, dass man sie aus Rücksicht auf die anderen Hausbewohner wieder herauslassen musste.

Sie wehrte sich auch lange, in den Kindergarten zu gehen, und wollte wie ihre älteren Schwestern unbedingt in die Schule. Als sie ihren Willen durchgesetzt hatte und vorzeitig in die Schule kam, war sie wie verwandelt. Es war, als ob sie ihre Energien jetzt im Lernen ausleben konnte. Zu Hause war sie nun ein ruhiges und gehorsames Kind. Im Unterricht dagegen war sie übereifrig und hüpfte oft mit hochgestrecktem Zeigefinger bis vor zum Lehrerpult, um aufgerufen zu werden. Ihr Ehrgeiz kannte keine Grenzen, und sie konnte vor Wut und Enttäuschung in Tränen ausbrechen, wenn sie einmal nicht die beste Note hatte.

Andererseits litt sie darunter, wenn die anderen sie die ehrgeizige und »kluge Edith« nannten, und sie mochte es gar nicht, wenn ihre Mutter allen Verwandten und Bekannten erzählte, was für gute Noten ihre jüngste Tochter von der Schule nach Hause brachte. Eine Tante nannte sie daraufhin immer »die Streberin«. Das war spaßhaft gemeint, aber Edith nahm die Bemerkung sehr ernst und sie traf sie tiefer, als alle ahnten. Denn sie wollte nicht für eingebildet oder gar arrogant gehalten werden. Und vor allem wollte sie nicht nur klug sein. Schon als kleines Kind sei sie, so schrieb Edith Stein in ihren Lebenserinnerungen, davon überzeugt gewesen, *dass es wichtiger ist, gut zu sein als klug.*

Später, als sie schon eine erwachsene Frau und überzeugte Christin war, wurde Edith Stein skeptisch gegenüber Leuten, die von sich glaubten, gut zu sein. Das waren für sie meistens Idealisten, die dazu neigten, selbstgerecht zu werden und sich über sich selbst zu täuschen. *Weil man für das Gute begeistert ist,* so schrieb sie selbstkritisch, *glaubt man selbst gut zu sein.*

Was man will, das kann man auch

Ediths Vater, Siegfried Stein, war Holzhändler. Im Juli 1893 musste er geschäftlich verreisen. Beim Abschied saß die fast zweijährige Edith auf dem Arm der Mutter. Als ihr Vater wegging, rief ihn Edith noch einmal zurück. Das hat ihre Mutter später als kindliche Vorahnung gesehen. Denn Siegfried Stein kam von seiner Reise nicht mehr zurück. Bei der Besichtigung eines Waldstücks erlitt er einen Hitzschlag und war auf der Stelle tot. Seine Frau

Auguste war nun allein mit sieben Kindern, zwei Jungen und fünf Mädchen. Das älteste, Paul, war einundzwanzig Jahre alt, das jüngste, Edith, knapp drei.

Die Verwandtschaft erwartete nun von der Witwe, dass sie den Betrieb ihres verstorbenen Mannes verkaufen werde. Aber Auguste Stein dachte nicht daran. Sie führte den Holzhandel weiter, bezahlte alle Schulden und schaffte es mit ihrem Fleiß und ihrem Geschäftssinn, den Betrieb sogar zu erweitern. Tagsüber arbeitete sie auf dem Holzplatz, verhandelte mit den Kunden, maß die Bretter und half beim Abladen der Fuhrwerke. Und abends kümmerte sie sich um den Haushalt und brachte ihre kleineren Kinder zu Bett. Darüber hinaus sorgte sie dafür, dass die Verbindungen zu der großen Verwandtschaft erhalten blieben und Familienfeste aufwendig gefeiert wurden.

Auguste Stein war eine willensstarke Frau, die genau wusste, was sie wollte, und das meistens auch erreichte. Edith erinnerte sich später, dass die Mutter nach Grundsätzen lebte, die sich auch ihr, der jüngsten Tochter, schon früh einprägten. »*Was man will, das kann man auch*«, sagte sie oft. Oder: »*Wie man sich's vornimmt, so hilft der liebe Gott.*« Edith wollte auch viel und war stolz auf ihren harten Schädel. Trotzdem war ihr Ehrgeiz anders. Und obwohl sie der Liebling der Mutter war, wurden beide nie so richtig vertraut miteinander.

Edith blieb für ihre Mutter undurchsichtig, ein »*Buch mit sieben Siegeln*«. Während bei ihren Geschwistern der spätere Lebensweg früh absehbar war, wusste keiner so recht, was mal aus der kleinen Edith werden sollte. Begabt war sie, ohne Zweifel, nur wozu? Edith selbst war sich ein Rätsel. Nur in einer Sache war sie sicher, dass sie nämlich zu etwas Großem bestimmt sei. Doch was sollte das sein?

Hamburger Freiheit

Die Viktoriaschule in Breslau war eine höhere Mädchenschule, in die vor allem reiche und angesehene Familien ihre Töchter schickten, damit sie eine oberflächliche Bildung erhielten, wie man sie für Frauen als ausreichend betrachtete. Zu der Zeit, als Edith Stein die Schule besuchte, änderte sich vieles. Die Schule wurde um eine Klasse aufgestockt und ab der siebten Klasse konnte man eine realgymnasiale Richtung einschlagen und sogar das Abitur machen. Dieser Abschluss war für Mädchen immer noch unüblich. Normal war es dagegen, dass die Töchter früh arbeiteten, um den Söhnen in der Familie ein Studium zu ermöglichen.

Von der klugen Edith hatten alle erwartet, dass sie nach den üblichen neun Jahren weiter auf der Schule bleibt. Umso überraschter waren die Lehrer, als sie aufhören wollte. Es half auch nichts, dass der Direktor höchstpersönlich sich einschaltete und seine begabte Schülerin umstimmen wollte. Die fast fünfzehnjährige Edith hatte genug von der Schule und wollte nun etwas anderes erleben. Ihre Mutter konnte das zwar nicht verstehen, aber sie ließ der dickköpfigen Tochter ihren Willen und schickte sie zu Ediths ältester Schwester Else, die in Hamburg mit einem Arzt verheiratet war.

Edith fühlte sich wohl in der Großstadt und in dem liberalen Haus ihrer großen Schwester. Es gefiel ihr, dass von den jüdischen Wurzeln der Familie nichts mehr zu spüren war. Zu Hause, in Breslau, hatte die Mutter streng darauf geachtet, dass die jüdischen Festtage eingehalten wurden. Doch wenn Ediths Brüder Paul und Arno am Passah- oder am jüdischen Neujahrsfest die Gebete sprechen sollten, mussten sich die älteren Kinder schon Mühe geben, das alles ernst zu nehmen und nicht zu lachen. Der Glaube ihrer Mutter erschien ihnen als ziemlich veraltetes und peinliches Theater. In Hamburg gewöhnte sich Edith das Beten ganz ab und hielt sich sogar für eine Atheistin.

Eigentlich sollte sie nur für einige Wochen bei ihrer Schwester Else bleiben. Erst nach zehn Monaten kam sie zurück nach Breslau und ihre Familie erkannte sie fast nicht wieder. Aus dem schmächtigen Mädchen mit den blonden Zöpfen war eine junge Frau mit dunkleren Haaren geworden. Nach wie vor aber war die Frage, wie es mit Edith nun weitergehen sollte. Sie entschied sich schließlich dafür, doch wieder in die Schule zu gehen und das Abitur zu machen. Sie holte den Stoff von drei Jahren nach und gehörte im Gymnasium gleich wieder zu den Besten. *»In der Klasse kommt erst Fräulein Stein«*, so meinte einmal einer ihrer Lehrer, *»dann kommt ein großer Abstand und dann kommen die Übrigen.«*

Wie zu erwarten, schaffte Edith das Abitur mit glänzenden Noten und ihre Mutter zeigte das Zeugnis in der Verwandtschaft und unter den Kunden auf dem Holzplatz herum. Sie stellte es ihrer Tochter frei, was sie nun studieren wolle. Gern hätte sie es gesehen, wenn Edith eine Juristin geworden wäre. Aber Jura zu studieren, war Frauen noch nicht erlaubt. Edith hatte auch schon längst für sich beschlossen, etwas ganz anderes zu studieren, nämlich Philosophie. Doch davon sagte sie nichts, denn ihre Familie erwartete natürlich ein Studium, das zu einem handfesten Beruf führte. Also sagte Edith auf alle Fragen, dass sie Lehrerin werden wolle und deshalb Deutsch, Geschichte und Latein belegen werde.

Die Welt voller Teufel

Für diese Fächer schrieb sie sich an der Breslauer Universität ein. Sie konnte weiter zu Hause wohnen. Ihre Familie blieb ihr wichtig, auch wenn es dort niemanden gab, mit dem sie über die Dinge sprechen konnte, die sie jetzt interessierten. Auch an der Universität fand sie nur wenige Freunde. Die meisten Studenten hielt sie für *Idioten,* weil sie sich nur eine schöne Zeit machen wollten oder nur an ihre spätere Karriere dachten. Edith nahm ihr Studium sehr ernst, und sie wollte nur mit Menschen zu tun haben, die *rein* waren. Wenn ein Mitstudent ihr zu nahe kam oder in ihrer Gegenwart schmutzige Witze machte, war sie schnell bereit, den Kontakt abzubrechen.

Mit diesen anderen, dunkleren menschlichen Seiten umzugehen, tat sie sich schwer, und die Berührung damit brachte sie schnell aus dem Gleichgewicht. Gegenüber einem ihrer Lehrer behauptete sie zwar, glücklich zu sein. Aber als sie ein Buch las, in dem die wüsten Saufgelage und Frauengeschichten in den studentischen Verbindungen geschildert wurden, war sie davon so abgestoßen, dass sie in eine Depression fiel. Ihr einziger Halt in dieser Verzweiflung war ein Trutzlied Martin Luthers, in dem es heißt: »Und wenn die Welt voll Teufel wär' / Und wollt uns gar verschlingen, / So fürchten wir uns nimmermehr, / Es muss uns doch gelingen ...« Ihre ganze Kraft wollte Edith Stein einsetzen, um, zusammen mit gleich gesinnten Freunden, mit diesen »Teufeln« fertig zu werden.

Ihren Traum von einem philosophischen Studium hatte sie nicht vergessen. Eines Tages fiel ihr ein Buch des Philosophen Edmund Husserl in die Hände, und sie war davon so begeistert, dass sie sich entschloss, nach Göttingen zu wechseln und bei diesem Lehrer zu studieren. Vor ihrem Abschied feierte sie den Silvesterabend 1912 in einer kleinen Gesellschaft. Drei Freundinnen machten eine Aufführung und hatten für jeden Gast einen Reim bereit. Für Edith hatten sie gedichtet:

»Manches Mädchen träumt von Busserl,
Edith aber nur von Husserl.«

Von den Sachen und der großen Liebe

Edmund Husserl war der Begründer und das Oberhaupt einer neuen Bewegung, die sich Phänomenologie nannte. Husserl wollte nicht weniger als eine neue Einstellung zur Wirklichkeit gewinnen. Nicht mehr der Mensch mit seinen Gefühlen, Vorurteilen, Theorien sollte im Mittelpunkt stehen, sondern die Dinge, wie sie einem im alltäglichen Leben in ihrem Eigenwert begegnen. »Zurück zu den Sachen selbst!« war darum der Kampfruf der Phänomenologen. Dazu musste man einen klaren und scharfen Blick entwickeln, der frei war von eigenen Befangenheiten, gedanklichen Verzerrungen oder eingefahrenen Gewohnheiten. So wurde auch Edith Stein vom ersten Tag an in ihrer studentischen Gruppe aufgefordert, alles unvoreingenommen ins Auge zu fassen und *»alle Scheuklappen abzuwerfen«*.

In Göttingen hatte sich um den »Meister«, wie Husserl von seinen Anhängern genannt wurde, ein Kreis von Schülern gebildet, und Edith Stein gehörte nach kurzer Zeit auch dazu. In diesem Kreis hatten alle das Gefühl, *»geistig hochgeboren«* zu sein, das heißt, sie waren stolz darauf, zu einer Gemeinschaft zu gehören, in der ein scharfes und ungetrübtes Denken gepflegt wurde und Vorurteile verpönt waren.

Edith Stein erlebte das als Befreiung, hatte sie doch als Frau dauernd mit Vorurteilen zu kämpfen. Schon dass sie das Abitur gemacht hatte und nun studierte, passte nicht zum Frauenbild der Zeit. In ihrer Familie in Breslau dachten alle, dass Edith nur für ihre Studien lebe und sich nichts aus Männern mache. Das war ein Irrtum. Edith Stein hoffte auf die *große Liebe*, und manchmal gefiel ihr ein Student so gut, dass sie sich ihn durchaus auch als Ehemann vorstellen konnte. Doch von diesen Träumen ahnte niemand etwas. Edith Stein wirkte nach außen »*kühl und unnahbar*«. Es ergaben sich in Göttingen zwar herzliche Freundschaften, die sich aber irgendwann wieder auflösten, weil sie den entscheidenden Schritt zu einer größeren Nähe nicht tun konnte oder wollte.

Ursprünglich hatte Edith Stein vorgehabt, nach einem Semester wieder nach Breslau zurückzugehen. Nun wollte sie in Göttingen bleiben, zuerst das Staatsexamen machen und dann bei Husserl eine Doktorarbeit schreiben. Das waren große Pläne. Im Wintersemester 1913/14 hatte sich Edith Stein einen riesigen Berg an Arbeit aufgebürdet. Sie stand um sechs Uhr morgens auf und arbeitete fast ohne Pause bis Mitternacht durch. Neben ihrem Bett lagen immer Papier und Bleistift griffbereit, um auch die nächtlichen Gedanken gleich festhalten zu können.

Für das Examen musste sie einen Wust an Stoff in ihren Kopf hineinstopfen. Noch schlimmer aber war es mit der Doktorarbeit. Edith Stein las Unmengen von Büchern, verlor sich vom Hundertsten ins Tausendste, bis sie schließlich das Gefühl hatte, in ihren gesammelten Materialien zu ertrinken und nur noch Nebel im Kopf zu haben. Schließlich steigerte sie sich so in ihre Verzweiflung hinein, dass ihr alles unerträglich schien. Wenn sie die Straße überquerte, wünschte sie sich heimlich, von einem Auto überfahren zu werden. *Es war das erste Mal in meinem Leben,* schrieb sie in ihren Erinnerungen, *dass ich vor etwas stand, was ich nicht mit meinem Willen erzwingen konnte.*

Dieses Mal half ihr aus der Not nicht ein Luther-Wort, sondern ein *Engel* namens Adolf Reinach. Er war ein junger Philosophiedozent und die rechte Hand von Husserl. Reinach führte ein langes Gespräch mit Edith Stein und brachte wieder Ordnung in ihren Kopf. Dafür war sie ihm *unendlich dankbar.*

Dem verheirateten Reinach erging es einige Monate später wie vielen jungen Männern. Er wurde, als der Erste Weltkrieg ausbrach, als Soldat eingezogen. Er freute sich darüber und meinte scherzend, wenn er im Kampf fiele, dann würde Edith Stein zu den »*Trauernden erster Ordnung*« gehören.

Der Zettel im Lazarett

Im Kriegswinter 1914/15 machte Edith Stein ihr Staatsexamen in den Fächern Literatur, Geschichte und Philosophie. Sie bestand es, wie zu erwarten, glänzend, sogar »mit Auszeichnung«. Sozusagen nebenbei hatte sie im Sommer eine Ausbildung zur Krankenpflegerin gemacht und bewarb sich nun beim Roten Kreuz für eine Stelle im Sanitätsdienst. Im April schickte man sie in ein Lazarett in den österreichischen Ort Weißkirchen. Dort arbeitete sie zunächst in der Typhusstation, dann in der chirurgischen Abteilung. So fleißig und pflichtbewusst sie als Studentin war, war sie auch als Krankenpflegerin. Sie saß oft nächtelang am Bett eines Patienten und schreckte vor keiner Arbeit zurück. Leiden und Tod wurden für sie schnell zur alltäglichen Erfahrung.

Diese Routine wurde nur einmal durchbrochen, als aus dem Notizbuch eines Verstorbenen ein Zettel fiel. Darauf stand das Gebet seiner Frau, in dem sie Gott bat, ihren Mann zu beschützen und am Leben zu erhalten. Das Gebet ging Edith Stein durch und durch. Ihr wurde schlagartig bewusst, was so ein normaler Tod im Lazarett menschlich bedeutete. Aber sie wollte sich diesem Gefühl nicht überlassen. Sie nahm sich zusammen und erinnerte sich an ihre Aufgabe. Sie musste den Arzt holen, der in solchen Fällen den Totenschein ausstellte.

Alle im Lazarett begegneten der jungen Pflegerin mit einer Mischung aus Bewunderung und Respekt, und als es sich herumsprach, dass sie Philosophie studierte, stieg dieser Respekt noch. Edith Stein hatte nichts dagegen, dass sie nun häufig als »*Schwester Edith, in Zivil Philosophin*« vorgestellt wurde. Dieser Titel war für sie wie ein *Schutzwall* und schützte sie vor den Zudringlichkeiten der Patienten und Ärzte.

Frau Doktor als Sekretärin

Nach fünf Monaten wurde Edith Stein zur Erholung nach Hause geschickt. Kurz darauf wurde das Lazarett in Weißkirchen aufgelöst und sie wurde nicht mehr gebraucht. Sie nutzte die Zeit, um in ihrer Heimatstadt *mit Volldampf* die Griechischprüfung nachzuholen, und sie unterrichtete als Lehrerin an ihrem alten Gymnasium. Nebenher schrieb sie ihre Doktorarbeit und meldete sich zum Rigorosum, der Doktorprüfung an.

Edmund Husserl war inzwischen von Göttingen nach Freiburg gewechselt. Im Sommer 1916 reiste Edith Stein in den Breisgau und saß am 3. August, einem schwülheißen Tag, in einem Sitzungszimmer der Freiburger Universität ihren Prüfern gegenüber. Um acht Uhr abends war die Sitzung beendet und Edith Stein konnte sich nun »Frau Doktor Stein« nennen. Sie hatte die Prüfung mit der bestmöglichen Note bestanden: summa cum laude.

Schon vorher, auf einem Spaziergang, war sie sich mit Husserl einig geworden, seine Assistentin zu werden. Sie war überglücklich und fühlte sich wie frisch verliebt. Doch dieses Glück dauerte nicht lange. Sie hatte erwartet, von Husserl als gleichberechtigte *Mitstreiterin an der Sache* behandelt zu werden. Nach und nach musste sie aber erkennen, dass er sie nur als seine nützliche Sekretärin betrachtete. Monate verbrachte sie damit, Tausende von eng beschriebenen Manuskriptseiten und Notizblättern des »Meisters« zu ordnen, wobei sie, wie sie in einem Brief schrieb, *halb verblödet* war. Edith Stein hätte gerne ihrem Lehrer bei seiner philosophischen Arbeit geholfen, zu einer akademischen Dienstmagd wollte sie sich nicht machen lassen.

Nach einem Jahr gab sie ihre Stelle auf. Sie wollte selber eine Karriere an einer Universität machen und Professorin werden. Husserl schrieb ihr auch ein Empfehlungsschreiben, unterstützte sie aber nicht. Obwohl er von den fachlichen Qualitäten seiner Assistentin überzeugt war, sah er den natürlichen Platz einer Frau in Haushalt und Familie und nicht als Lehrerin an der Universität. Edith Stein war vom Verhalten ihres »Meisters« sehr enttäuscht, und es hat wohl mit dazu beigetragen, dass sie später meinte, er habe *seine Menschlichkeit seiner Wissenschaft geopfert.*

Der nahe Tod

Am 16. November 1917 fiel Adolf Reinach an der Westfront in Flandern. Für Edith Stein war die Nachricht ein schwerer Schlag. Schon der Tod des unbekannten Soldaten im Lazarett, der einen Zettel mit dem Gebet seiner Frau bei sich trug, hatte sie erschüttert. Reinach war ihr Lehrer und Freund gewesen und auch seine Frau Anne kannte sie seit vielen Jahren und war mit ihr befreundet. Edith Stein sollte im Frühjahr 1918 nach Göttingen kommen, um mit Anne Reinach den Nachlass ihres gefallenen Mannes durchzusehen. Sie hatte Angst vor diesem Besuch, weil sie nicht wusste, wie sie sich gegenüber der gläubigen, aber sicher verzweifelten Witwe verhalten sollte.

Alles kam ganz anders. Anne Reinach trauerte um ihren Mann, aber sie war nicht verzweifelt. Im Gegenteil, eher war sie es, die Edith Stein tröstete, als umgekehrt. Und die Kraft für diese Haltung bezog Anne Reinach aus ihrem christlichen Glauben. Edith Stein, die Religion bisher eher mit einem sachlichen Interesse wahrgenommen hatte, muss von diesem Erlebnis tief beeindruckt gewesen sein. Jedenfalls war es der erste Auslöser für eine Entscheidung, die sie vier Jahre später traf und mit der sie viele ihrer Freunde und Bekannten verblüffte: Am 1. Januar 1922 ließ sie sich katholisch taufen.

Edith Stein hat ihre Konflikte immer allein ausgetragen, versteckt vor anderen. Darum hat sie sich auch schwergetan, anderen ihren Entschluss zur Taufe begreiflich zu machen. Ihrem Studienfreund Roman Ingarden erklärte sie, dass für ihren Wandel nicht Gefühle oder theoretische Überlegungen ausschlaggebend waren, sondern das lebendige Zeugnis von Personen – eben wie Anne Reinach, vor allem aber auch Teresa von Avila oder Franz von Assisi. Diese Vorbilder haben bei ihr eine Lebenswende bewirkt, von der sie sagt: *Es ist eine unendliche Welt, die sich ganz neu auftut, wenn man einmal anfängt, statt nach außen nach innen zu leben.*

Diese Wende war bei Edith Stein nicht das Resultat eines Augenblicks, sondern hat sich über Jahre hingezogen. In der Zeit zwischen ihrem Erlebnis mit Anne Reinach und ihrer Taufe durchlebte sie eine Krise. Der

Zusammenbruch Deutschlands nach Kriegsende war für sie auch eine persönliche Katastrophe. Vor allem litt sie darunter, dass sich ihre privaten und beruflichen Hoffnungen nicht erfüllten. Es gab einige Männer in ihrem Leben, zu denen sie gerne mehr als eine freundschaftliche Beziehung gehabt hätte. Dieser Wunsch blieb unerfüllt. Und auch ihre weiteren Versuche, an einer Universität Karriere zu machen, scheiterten an den Vorurteilen der Zeit. Die Vorstellung von einer Frau als Universitätslehrerin war für viele Männer einfach »naturwidrig«.

Schwester Teresia Benedicta

Vielleicht hat sich Edith Stein nach so vielen Niederlagen, Enttäuschungen, Verletzungen und gescheiterten Plänen gesehnt nach einem tieferen Halt. Und offenbar hat sie diesen Halt auch gefunden. Darauf lässt eine sehr persönliche Stelle in einem ihrer Bücher schließen, wo sie von ihrer *geistigen Wiedergeburt* berichtet. Dieser Wiedergeburt ging demnach ein Zusammenbruch voraus. Sie habe, so berichtet sie, etwas erlebt, das über ihre Kräfte ging und ihr jeden Lebenswillen nahm. Sie war an einem Nullpunkt angelangt.

Dann aber wurde sie von einer Ruhe erfüllt, die etwas ganz anderes war als die *Todesstille* der Resignation. Es war das *Gefühl des Geborgenseins*, das Gefühl, keine Pläne mehr machen, keine Entschlüsse mehr fassen und schon gar nicht mehr etwas tun zu müssen. Und merkwürdigerweise kam aus dieser Gelassenheit wieder eine Kraft zum Handeln, die nun aber keine Anstrengung erforderte, sondern wie von außen, ohne eigene Anstrengung, in ihr wirksam war. *Einzige Voraussetzung für solche geistige Wiedergeburt,* schreibt Edith Stein, *scheint eine gewisse Aufnahmefähigkeit zu sein.*

Nach ihrer Taufe wollte Edith Stein ein religiöses Leben führen und sie glaubte das nur zu können, wenn sie sich aus der Welt zurückzog. *Allmählich habe ich aber einsehen gelernt,* so schrieb sie an eine Freundin, *dass in dieser Welt anderes von uns verlangt wird und dass selbst im beschaulichen Leben die Verbindung mit der Welt nicht durchschnitten werden darf; ich glaube sogar: je tiefer jemand in Gott hineingezogen wird, desto mehr muss er auch in diesem Sinn »aus sich herausgehen«.*

Über zehn Jahre lang war Edith Stein Lehrerin am Gymnasium und am Lehrerinnenseminar der Dominikanerinnen in Speyer und hielt Vorträge im In- und Ausland zur Frage der Gleichberechtigung der Frau. Im Frühjahr 1932 wechselte sie nach Münster, wo sie eine Stellung als Dozentin am Deutschen Institut für wissenschaftliche Pädagogik bekam. Diese Tätigkeit konnte sie nur ein Jahr ausüben, denn die Nazis, die inzwischen an die Macht gekommen waren, vertrieben alle Juden aus öffentlichen Ämtern.

Es war vielleicht auch die Einsicht, keine beruflichen Perspektiven mehr zu haben, die Edith Stein nun doch dazu führte, der Welt den Rücken zu kehren. Am 14.

Oktober 1933 trat sie in das Kloster der Karmelitinnen in Köln ein. Sechs Monate später wurde sie als Nonne eingekleidet.

Aber auch im Kloster war sie vor den Nazis nicht sicher. Als die Lage für die Juden in Deutschland immer gefährlicher wurde, brachte man sie über die Grenze nach Holland, in das Kloster der Karmelitinnen nach Echt. Auch ihre Schwester Rosa war aus Breslau geflohen und hatte im Echter Kloster Unterschlupf gefunden.

1940 besetzte die deutsche Wehrmacht Holland. Ihre Mitschwestern bemühten sich noch, für Edith Stein eine Ausreiseerlaubnis in die Schweiz zu bekommen. Doch dafür war es zu spät. Am 2. August 1942 hielt ein Polizeiauto vor dem Kloster. SS-Leute verlangten, dass Edith Stein innerhalb von fünf Minuten ausgeliefert werde. Zusammen mit ihrer Schwester Rosa wurde sie in ein Zwischenlager gebracht und von dort ins Konzentrationslager Auschwitz transportiert. Vermutlich wurde sie gleich nach ihrer Ankunft in Auschwitz, am 9. August 1942, in der Gaskammer ermordet.

Im Kölner Karmel-Kloster hatte Edith Stein einen neuen Namen bekommen: Teresia Benedicta a Cruce, zu Deutsch »vom Kreuz«. Das Kreuz war für Edith Stein das Zeichen dafür, dass Tod und Leiden keine sinnlosen Schicksalsschläge sind, sondern Ereignisse, die man annehmen kann, wenn man dahinter die Liebe und das Mitleiden Gottes erkennt.

Simone Weil
oder
Vom Sinn der Aufmerksamkeit

Schon wieder musste die Familie Weil umziehen. Aber es ging nun mal nicht anders. Es war Krieg. Der Erste Weltkrieg. Bernard Weil, der Vater, war als Arzt eingezogen worden und wurde ständig innerhalb von Frankreich versetzt. Er wollte aber seine Frau Selma, seinen Sohn André und seine kleine Tochter Simone nicht allein in Paris zurücklassen, und so begleitete ihn seine Familie überallhin. In Neufchâteau, einer kleinen Stadt in den Vogesen, waren sie nur kurze Zeit gewesen und nun mussten sie wieder ihre Sachen zusammenpacken und aufbrechen.

Es war Winter und draußen lag Schnee. Dem neunjährigen André hatte man einen großen Koffer zu tragen gegeben, die sechsjährige Simone hielten die Eltern noch für zu klein und schwach, um zu helfen. Das sah Simone aber ganz anders, sie setzte sich in den Schnee und verkündete, dass sie nicht eher weitergehen werde, als bis sie auch etwas Schweres tragen dürfe. Also gab man ihr ein großes Paket und Simone war zufrieden.

Sie wollte es nicht leichter haben als andere und auf keinen Fall bevorzugt werden. Das blieb so ihr ganzes Leben lang. Als sie mit dreiunddreißig Jahren vor den deutschen Soldaten erst nach Amerika und dann nach England flüchten musste, wollte sie nichts mehr essen, weil die Menschen in ihrem Heimatland Frankreich hungerten. Für viele Leute war das »verrückt«. Simone Weil meinte es aber ernst, so ernst, dass sie an den Folgen ihrer Essensverweigerung starb.

Das Universum als Vaterland

In den ersten Kriegsjahren besuchten die Kinder der Weils nur selten und dann auch nur kurzzeitig eine Schule. Manchmal bekamen sie privaten Unterricht. Doch am meisten lernten sie voneinander. André war ein sehr guter Rechner und Simone musste ihn stundenlang mathematische Formeln abfragen. Er hatte sich das Lesen selbst beigebracht und übte nun auch heimlich mit seiner kleinen Schwester, um die Eltern zu überraschen.

An einem Neujahrstag saßen alle am Frühstückstisch, als André wie beiläufig sagte: »Simone, lies dem Papa die Zeitung vor.« Simone nahm die Zeitung und begann, dem verblüfften Papa aus einem Artikel vorzulesen, holprig zwar, aber korrekt. Von nun an lasen die beiden Kinder begeistert in *Grimms Märchen* oder lernten Gedichte auswendig. Dann saßen sie unter dem Tisch mit der tief herabhängenden Tischdecke und trugen sich die Gedichte vor. Wer stecken blieb, so war die Abmachung, der bekam vom anderen eine Ohrfeige.

Simone Weil hat sich später gerne an diese Zeit zurückerinnert. Es lag sicher auch am häufigen Ortswechsel der Familie und an der freien Erziehung, dass ihr als junge Frau jeder engstirnige Patriotismus fremd blieb und sie nie einer Gruppe angehören wollte. *Die Kinder Gottes,* so schrieb sie in einem Brief, *sollten kein anderes Vaterland haben als das Universum.* Das Universum, das bedeutete auch, allem gegenüber offen zu sein und sich nicht von Erwartungen und Vorurteilen einengen zu lassen, auch nicht von religiösen. Im Hause Weil war Religion nie ein Thema, Simone wusste lange Zeit auch nicht, dass sie Jüdin ist. Wenn sie mit Fragen zu Gott konfrontiert wurde, ließ sie das gleichgültig, denn solche Fragen waren für sie unlösbar und darum sinnlos.

Kein Genie, aber aufmerksam

Erst gegen Ende des Ersten Weltkrieges kehrten die Weils nach Paris zurück. Simone ging nun regelmäßig zur Schule, zuerst in eine Grundschule, dann in ein Gymnasium, wo sie Griechisch und Latein lernte. Sie war ein hübsches Mädchen mit ihren schwarzen, gelockten Haaren und den großen, dunklen Augen, und von außen sah man ihr nicht an, dass sie an starken Kopfschmerzen litt. Man konnte sich diese Schmerzen nicht erklären und sie schon gar nicht behandeln. Simone musste damit leben.

Auch was sonst in ihr vorging, blieb anderen verborgen. Wie sollten ihre Eltern und Lehrer auch verstehen, warum Simone plötzlich, mit vierzehn Jahren, so verzweifelt war? Es gab ja keinen Grund dafür. Simone war hübsch und sehr klug, sie selbst hielt sich jedoch für ziemlich mittelmäßig. Sie musste zugeben, dass ihr Bruder André viel begabter war als sie, und sie dachte, dass nur sehr kluge Menschen in geistige Höhen vordringen können, wo die wirklich wichtigen Fragen des Lebens beantwortet werden. Die Vorstellung, davon ausgeschlossen zu sein, machte sie so todtraurig, dass sie nicht mehr weiterleben wollte.

Monatelang versank sie in einer inneren Dunkelheit, in der dann plötzlich doch ein Funke da war, der immer größer wurde. Schließlich war sie sich sicher, dass man nicht ein Genie sein muss, um weitere Horizonte zu erreichen. Jeder Mensch, egal ob klug oder dumm, war dazu fähig. Es genügte, dass er die Sehnsucht danach hatte und mit großer Aufmerksamkeit sein Ziel verfolgte. Diese Aufmerksamkeit, davon war Simone Weil überzeugt, wird früher oder später belohnt werden. Oder wie sie es später ausdrückte: *Wenn jemand Brot begehrt, wird er keine Steine empfangen.*

Simone – der Schrecken der Lehrer

Bestärkt wurde sie in ihrer Haltung von einem Lehrer an ihrem Gymnasium. Er hieß Emile Chartier, doch alle nannten ihn nur Alain. Dieser Alain lehrte Philosophie, aber von Lehrplänen hielt er nicht viel. Philosophieren hieß für ihn, das scheinbar Selbstverständliche infrage zu stellen. Und so behandelte er die Gedanken der großen Philosophen wie Fragen, die jeder für sich neu entdecken und beantworten muss. Dementsprechend waren seine Prüfungen. Er fragte keinen Stoff ab, sondern seine Schüler sollten Aufsätze schreiben, die er nach ganz eigenen Kriterien beurteilte.

Simone Weil war begeistert von Alains Unterricht. Die übrigen Fächer langweilten sie. Ihre Lehrer, außer Alain, hatten darum oft Grund zur Klage. Einer warf ihr vor, zu oft »originell und exzentrisch« wirken zu wollen. Einem anderen gefiel diese Originalität, aber ihre Beiträge waren ihm »zu persönlich«. Der Geschichtslehrer klagte, dass Simone Weil sich für sein Fach demonstrativ nicht interessiere. Und der Englischlehrer meinte, dass ein Unterricht in der Klasse nur möglich sei, wenn er Simone von den Mitschülern fernhalte.

In der Tat war Simone Weil alles andere als eine Musterschülerin. Statt zu lernen, saß sie in den Cafés, rauchte ununterbrochen ihre filterlosen Zigaretten, redete begeistert über die Ideen von Karl Marx und machte sich über fromme Kirchgänger lustig. Schön oder attraktiv zu sein, lag ihr fern. Sie gab sich betont burschikos. Ja, man konnte den Eindruck haben, dass sie absichtlich hässlich sein wollte. Sie trug nun, wegen ihrer Kurzsichtigkeit, eine große Brille mit dicken Gläsern. Ihre schwarzen Haare waren im Nacken abgeschnitten und standen ihr widerspenstig vom Kopf ab, und mit den Kleidern, die sie anzog, wollte sie bestimmt nicht die Blicke der jungen Männer auf sich lenken.

Ihr mangelnder schulischer Ehrgeiz rächte sich dann doch. In der Prüfung für die weiterführende Schule fiel sie durch. Erst im zweiten Anlauf hatte sie Erfolg und gehörte nun zu den wenigen Mädchen, die ein Stipendium bekamen und die »École Normale Supérieure« besuchen durften, eine Elite-Anstalt für zukünftige Lehrkräfte an höheren Schulen.

Ihre Einstellung änderte Simone nicht. Sie tat wieder nur, was unbedingt verlangt war. Ihre Zeit nutzte sie lieber dazu, revolutionär gesinnte Gewerkschaftler zu treffen oder jungen Eisenbahnern kostenlosen Unterricht zu geben. Es war eine tiefe Solidarität mit Benachteiligten, die sie antrieb, sich mit politischen Fragen zu beschäftigen. Als sie einmal mit Freunden spazieren ging, gestand sie, dass sie nicht lachen könne, wenn sie daran denke, dass in China Kinder verhungern müssten. Das kam den anderen übertrieben und naiv vor. Doch Simone ließ solche Einwände nicht gelten. Es gebe doch, so meinte sie, keine Formel, die besagt, dass ein Unrecht weniger empörend und ein Leid weniger schlimm werden, je weiter die Orte, an denen sie stattfinden, entfernt sind.

Später sah sie gerade in diesem gefährlichen Abstand den Grund dafür, warum es uns so schwerfällt, das Gute vom Bösen zu unterscheiden. Nur wenn wir beides unmittelbar erleben, ist das Gute wunderbar und das Böse abschreckend. Wenn beides *fiktiv* ist, wir es uns also nur vorstellen, wird das Gute langweilig und das Böse aufregend und anziehend.

Skandal in Le Puy

Im Juli 1931 bestand Simone Weil die Prüfungen. Ihre Lehrer waren voll des Lobes. Dennoch wollte man diese »rote Jungfrau«, wie sie genannt wurde, nicht unbedingt in Paris haben, sondern schickte sie nach Le Puy, einem Städtchen in der Provinz. Im Mädchengymnasium von Le Puy zeigte sich bald, dass die Lehrerin Simone Weil nicht viel anders war als die frühere Schülerin. Sie richtete sich nicht nach dem Lehrplan und verwendete nicht die Schulbücher, sondern hielt einen sehr freien Unterricht. Schon bald begannen sich die Eltern zu wundern, was für merkwürdige Einträge in den Heften ihrer Töchter standen. Von der Fragwürdigkeit der Ehe war da die Rede oder von Menschen, die dahinleben, ohne jemals nachzudenken. Oder es stand da der Satz: *Augenblicke der Aufmerksamkeit sind nichts anderes als Genieblitze.*

Der Lehrerin Simone Weil ging es wirklich in erster Linie darum, bei ihren Schülerinnen die Fähigkeit zur Aufmerksamkeit zu fördern. Wenn sie die Mädchen ermahnte, gut aufzupassen, dann runzelten sie ihre Brauen, hielten den Atem an und spannten ihre Muskeln. Doch wenn sie zwei Minuten später gefragt wurden, worum es im Unterricht gegangen war, wussten sie meist keine Antwort. Die Schülerinnen waren nicht aufmerksam gewesen, sondern hatten nur ihre Muskeln angespannt. Für Simone Weil war diese Form der verkrampften Anstrengung sinnlos. In einem Aufsatz schrieb sie: *Zwanzig Minuten einer beharrlichen Aufmerksamkeit ohne Ermüdung sind von unendlich viel größerem Wert als drei Stunden jenes verbissenen Fleißes mit gerunzelten Brauen, der uns hinterher mit dem befriedigten Gefühl der Pflichterfüllung sagen lässt: »Ich habe tüchtig gearbeitet.«*

Für Simone Weil ist jede Beschäftigung dazu geeignet, Aufmerksamkeit zu erlernen. Auch wenn man stundenlang an einer mathematischen Aufgabe sitzt und sie zum Schluss vielleicht nicht lösen kann, war diese Zeit nicht umsonst. Man hat nämlich auf eine Weise etwas gelernt, die einem nicht bewusst ist und deren Sinn sich erst später und in einem ganz anderen Zusammenhang zeigen wird. Etwa indem man die Schönheit eines Gedichts besser begreift oder die Not eines fremden Menschen wahrnimmt. Aufmerksamkeit bedeutet für Simone Weil, von sich abzusehen und sich auf anderes einlassen zu können. Dieses andere kann natürlich auch ein anderer Mensch sein. Daher ist Aufmerksamkeit für sie die Voraussetzung für Nächstenliebe.

Simone Weil praktizierte diese Nächstenliebe auch in Le Puy. Sie traf sich mit Arbeitern in Cafés oder lud Arbeitslose ein, in die Schule zu kommen und sich dort Essen zu holen. Als sie sogar an einer Demonstration von Arbeitslosen teilnahm und kurzfristig festgenommen wurde, war die Aufregung groß und die Zeitung berichtete von der »Agentin Moskaus«, also einer Kommunistin, die in Le Puy die Leute mit ihrem »Evangelium« verrückt macht. Der Bürgermeister wandte sich an die Schulbehörde, um ihre Versetzung zu erwirken.

Solche Drohungen beeindruckten die junge Lehrerin nicht, es schien sie auch nicht zu stören, dass ihre Lehrmethoden von ihren Vorgesetzten kritisiert wurden. Als einmal ein Inspektor ihrem Unterricht beiwohnte und ihr anschließend vorwarf, dass sie ihre Sache zwar gut mache, aber die Schülerinnen auf diese Weise nie die Prüfungen bestehen würden, antwortete sie nur: »Das ist mir vollkommen gleichgültig, Herr Inspektor.«

In der Fabrik

Im Herbst 1932 wurde Simone Weil strafversetzt, zuerst nach Auxerre, dann nach Roanne. Die Erfahrung, die sie in diesen Städten machen musste, war nicht anders als in Le Puy: Die Schüler waren von ihr begeistert, doch in den Prüfungen fielen sie fast alle durch. Für die Schulbehörden war sie nicht tragbar. Und in der Öffentlichkeit hatte sie den Ruf einer hundertprozentigen Kommunistin. Dabei war Simone Weil sehr skeptisch gegenüber den sozialistischen Theorien. Sie war gegen die Ungerechtigkeit in der Gesellschaft, aber sie hielt es für eine große Lüge, wenn die Kommunisten behaupteten, durch eine Revolution das Unglück der benachteiligten Menschen zu beseitigen. Wer den Leuten ein Paradies versprach, der war auch bereit, für dieses Ziel Menschen zu opfern. Und das lehnte sie strikt ab.

Für Simone Weil war der einzelne Mensch immer wichtiger als jede Theorie. Das war auch der Grund dafür, warum sie im Herbst 1934 einen unbezahlten Urlaub beantragte. Als Begründung gab sie an, *persönliche Studien* betreiben zu wollen. Was sie meinte, war eine Art Selbstversuch. Sie wollte nicht sein wie jene linken Intellektuellen, die über die Arbeiterklasse große Reden führten, aber nie einen Fuß in eine Fabrik setzen würden.

Zuerst nahm sie eine Stelle als Hilfsarbeiterin in einer Elektrofabrik an, dann, als sie diesen Job verlor, arbeitete sie an einer Presse in den *Renault*-Werken.

Über ihren Alltag in der Fabrik hat Simone Weil ein Tagebuch geführt, aus dem hervorgeht, wie hart diese Zeit für sie war. Jeder Gedanke, jede Hoffnung, die über die Arbeit hinausgingen, waren ihr abhandengekommen. Ihr Leben bestand nur noch aus Müdigkeit, Erschöpfung, Hunger, unerträglichen Kopfschmerzen, dem brutalen Umgangston am Arbeitsplatz, dem unerbittlichen Rhythmus der Maschine und der Notwendigkeit, die geforderten Stückzahlen schaffen zu müssen.

Simone Weil erfuhr am eigenen Leib, was sie *Unglück* nannte, nämlich nur noch *essen, um arbeiten zu können, und arbeiten, um essen zu können.* Unglück sei, so schrieb sie in einem Buch darüber, *wenn es nichts gibt, das man lieben kann,* und man anfange, sich selbst zu verachten.

Später hat Simone Weil behauptet, dass die Erfahrungen in dieser Zeit ihre Jugend getötet hätten. Wie an Leib und Seele zerstückelt war sie, als sie nach dem Jahr in der Fabrik ihre Eltern nach Portugal begleitete. Eines Abends kam sie allein in ein Dorf, wo gerade ein Fest zu Ehren des Ortsheiligen gefeiert wurde. Die Frauen der Fischer zogen mit Kerzen um die Boote und sangen dabei traurig klingende Lieder. Simone Weil war bei diesem Anblick ergriffen wie nie zuvor. Sie verstand plötzlich, dass Karl Marx unrecht hatte, wenn er jede Religion als »Opium des Volkes« bezeichnete. Für die armen portugiesischen Fischer war der christliche Glaube kein »Opium«, kein Mittel, um ihr Elend zu betäuben. Dieser Glaube war eine Botschaft, die ihre Armut und ihre Schwäche ernst nahm. Sie verdrängten ihre Not nicht, sondern nahmen sie an und gewannen so eine neue Stärke. Eine Stärke durch Schwäche. So ist es zu verstehen, wenn Simone Weil meinte, das Christentum sei die *Religion der Sklaven.*

In den folgenden Jahren arbeitete Simone Weil nur noch selten und dann jeweils nur kurz an Schulen. Das Leben als Lehrerin war für sie ein Privileg, das sie nicht mehr in Anspruch nehmen wollte. Sie hatte erfahren, was *Unglück* ist. Sie fürchtete sich davor und gleichzeitig wusste sie, dass sie nicht davor fliehen durfte, weil dieses Unglück ein Tor ist zu etwas anderem. Sie suchte dieses Unglück nicht, aber sie lehnte alle Formen von Erleichterung und Betäubung ab, die sie davor hätten schützen können. Denn so schrecklich diese Erfahrung auch war, so notwendig war sie, um die Realität tiefer zu begreifen und nicht vor ihr zu flüchten in bloße Gefühle und abgehobene Ideale. In diesem Sinn ist es zu verstehen, wenn Simone Weil meinte: *Für jeden Menschen gibt es einen Zeitpunkt, den niemand kennt und er selbst am wenigsten, ein unverrückbarer, festgesetzter Tag, an dem die Seele ihre Unschuld verlieren muss.*

Die Pazifistin im Krieg

Simone Weil saß im Juni 1936 in Paris, als sie aus Spanien die Meldungen von einem Bürgerkrieg zwischen der demokratisch gewählten Regierung und den Putschisten des General Franco erreichten. Den Republikanern schlossen sich Freiheitskämpfer aus anderen Ländern an, die für die Demokratie und gegen den Faschisten Franco kämpfen wollten. Simone Weil wünschte natürlich den Gegnern des Franco-Regimes den Sieg. Doch nur in Paris zu sitzen und aus sicherem Abstand Partei zu ergreifen, war ihr zu wenig, auch wenn sie eine bekennende Pazifistin war. Sie meldete sich als Freiwillige und stand kurze Zeit später mit dunkler Uniform und Gewehr in der Hand an der Front. Simone Weil war alles andere als eine Kämpferin und die Befehlshaber hatten wenig Verwendung für sie. Sie hatte Glück, dass sie sich nach wenigen Wochen mit heißem Öl das Bein verbrühte, ins Lazarett kam und dann von ihren Eltern nach Hause zurückgeholt wurde.

Vom Krieg hatte Simone Weil genug gesehen, um von ihm enttäuscht zu sein. Sie hatte Menschen kennengelernt, die wie sie für Frieden und Gerechtigkeit kämpfen wollten, aber fähig waren, ohne die geringsten Skrupel Kinder und Frauen zu erschießen. Was spielte es für eine Rolle, dass man für eine gute Sache eintrat, wenn man mit der gleichen Grausamkeit und Menschenverachtung mordete wie der Feind?

Der Bürgerkrieg in Spanien hatte Simone Weil ebenso

ernüchtert wie die Arbeit in der Fabrik. In der Fabrik wurden die Menschen zu Sklaven, im Krieg zu Bestien. Beides waren Formen des Unglücks und dieses Unglück bestand darin, dass Menschen ihre Würde verloren und zu Objekten gemacht wurden. Den Glauben daran, dass die tieferen Wurzeln dieses Unglücks durch soziale Reformen beseitigt werden könnten, hatte sie längst verloren.

Simone Weils Suche ging in eine andere Richtung. Sie reiste nach Italien und besichtigte jene Stätten, wo Franz von Assisi gewirkt hatte. Das Osterfest 1938 verbrachte sie mit ihrer Mutter in der Benediktiner-Abtei Solesmes. Beim Hören der gregorianischen Gesänge empfand sie eine *vollkommene Freude* und zum ersten Mal verstand sie, was das Leiden des Gottessohnes eigentlich bedeutet und dass dieses Leiden Freude nicht ausschließt, sondern beides auf geheimnisvolle Weise zusammengehört.

Vom Gedicht zum Gebet

In der Abtei von Solesmes lernte Simone Weil einen jungen Engländer kennen, der ihr von den Gedichten eines Lyrikers aus dem siebzehnten Jahrhundert vorschwärmte. Sie besorgte sich diese Gedichte und war begeistert. Vor allem eines, das sie sehr liebte, lernte sie auswendig. Immer wenn ihre Kopfschmerzen fast unerträglich waren, sagte sie sich dieses Gedicht *mit ganzer Aufmerksamkeit* auf. Allmählich wurde ihr bewusst, dass sie nicht mehr ein Gedicht rezitierte, sondern betete. *Ich glaubte,* so beschrieb sie diese Erfahrung in einem Brief, *nur ein schönes Gedicht zu sprechen, aber dieses Sprechen hatte, ohne dass ich es wusste, die Kraft eines Gebetes.* Ihr Vorsatz, immer aufmerksam zu sein, hatte sie tatsächlich zu einer Erfahrung geführt, die sie nicht angestrebt hatte. Sie betete – mehr noch: Als sie das Gedicht wieder einmal mit ganzer Konzentration sprach, ereignete sich etwas, was sie nie für möglich gehalten hätte und was sie eine *Erleuchtung* nannte.

Simone Weil beteuerte, nie in ihrem ganzen Leben Gott gesucht zu haben. Von mystischen Erlebnissen hatte sie zwar gehört, aber nie daran geglaubt. Und die Wundererzählungen in der Bibel waren ihr immer völlig unglaubwürdig vorgekommen und darum *zuwider* gewesen.

Doch nun passierte etwas Ähnliches mit ihr. Sie hat später kaum darüber gesprochen. Nur sehr engen Freunden erzählte sie von ihrem Erlebnis und versuchte, es in Worte zu fassen. Sie wurde, so beschreibt sie es, von Christus buchstäblich *ergriffen.* Es sei eine *wirkliche Berührung* gewesen zwischen ihr und Gott, ebenso wie eine Person einer anderen begegnet. Nun wusste sie, wofür ihr Entschluss zur Aufmerksamkeit, den sie als Vierzehnjährige gefasst hatte, gut gewesen war. *Aufmerksamkeit,* so schreibt sie, *zieht Gott an.*

Aus Liebe zu Gott gegen die Kirche

Der Zweite Weltkrieg hatte begonnen und Mitte Mai 1940 marschierten deutsche Truppen in Frankreich ein. Am 13. Juni erreichten sie Paris. Simone Weil floh mit ihren Eltern in den unbesetzten Süden des Landes. Während ihre Eltern sich bemühten, Plätze auf einem Schiff zu bekommen, dachte Simone nicht daran, Frankreich zu verlassen. Sie arbeitete bei einem Weinbauern und wohnte in einem halb verfallenen Haus am Ufer der Rhône. In dieser Zeit wechselte sie Briefe mit dem blinden Dominikaner-Pater Jean-Marie Perrin. Der Pater wollte sie überreden, sich taufen zu lassen.

Doch Simone Weil wollte nicht; oder richtiger gesagt, sie konnte nicht. Ein Grund war, dass sie Angst hatte vor einem Wir-Gefühl in kirchlichen Kreisen, das sie ebenso abschreckte wie eine Liebe zum Vaterland. Angst deshalb, weil Simone Weil wusste, dass sie für solche Gefühle sehr anfällig war. Als Schülerin war sie sogar einer Rugby-Mannschaft beigetreten, weil sie dazugehören wollte. Gleichzeitig wusste sie, dass sie einen Fehler machte, auch wenn die Gruppe sie damals noch so herzlich empfing und sie sich darin geborgen fühlte. *Ich will aber nicht,* so schrieb sie jetzt an Pater Perrin, *von einem Milieu aufgenommen werden, ich will nicht in einem Milieu wohnen, wo man »wir« sagt, und ein Teil dieses »wir« sein.*

Simone Weil wollte nicht Teil dieses »wir« werden, weil sie dann vieles hätte aufgeben müssen, was ihr wichtig war und von dem sie glaubte, dass es auch von Gott geliebt wird: die Wahrheit anderer Religionen, die Einsichten von sogenannten Ketzern, die Kulturen von sogenannten Heiden, die Schönheiten der Kunst und der irdischen Welt. Vor allem wollte sich Simone Weil nicht abheben von den Ungläubigen, weder durch Kleidung noch durch Gesinnung. Darum blieb sie lieber *auf der Schwelle der Kirche,* wo sie weiter in Verbindung stehen konnte mit allem, was das Christentum ausschließt.

Ein Christentum, wie sie es sich erhoffte, sollte so umfassend sein, wie das Wort »katholisch« es von seinem Ursprung her ausdrückt. Das bestehende Christentum war für sie jedoch nur dem Namen nach katholisch, nicht in Wirklichkeit. Jenen umfassenden Blick erhalte man nur durch eine zweite Geburt. Wir müssen, so schreibt Simone Weil, die Eierschale durchbrechen, um in das Helle zu gelangen. Wenn der Vogel im Freien ist, habe er *immer noch diese Welt zum Gegenstand,* doch er sieht nun die Welt von einem Punkt aus, von wo sie in ihrer ganzen Wirklichkeit sichtbar wird: Scheinbare Gegensätze gehören zusammen, Widersprüche lösen sich auf und die ganze Unwirklichkeit von Dingen wie Krieg und Ausbeutung wird offenbar.

Zwischen den Welten

Am 14. Mai 1942 verließ Simone Weil zusammen mit ihren Eltern auf einem Schiff den Hafen von Marseille. Am 6. Juli kamen sie in New York an. Zur Abreise aus

Frankreich hatte sich Simone Weil gegen ihr Gewissen überreden lassen, aus Liebe zu ihren Eltern. Bald bereute sie diesen Schritt. Der Gedanke, dass sie nun in Sicherheit war, aber in ihrer Heimat die Menschen leiden mussten, war ihr unerträglich. Auf schnellstem Weg wollte sie zurück nach Frankreich.

Erst Anfang November fand sich ein schwedisches Schiff, das sie mit nach England nahm. In England saß sie fest. Ihr Plan, aus einem Flugzeug mit dem Fallschirm über Frankreich abzuspringen und sich dem Widerstand gegen die Deutschen anzuschließen, wurde von den offiziellen Stellen abgelehnt. Je länger Simone Weil in England bleiben musste, desto schlechter ging es ihr gesundheitlich. Sie schrieb nächtelang an ihren Manuskripten und aß kaum mehr etwas, weil sie es nicht besser haben wollte als die Menschen in ihrer Heimat. Im April musste sie ins Krankenhaus gebracht werden, wo sie weiter hungerte und sich ihr Zustand verschlechterte. In den Briefen an ihre Eltern erwähnte sie davon nichts. Im Herbst wurde sie in das Grosvenor-Sanatorium in Ashford verlegt, wo sie nach einer Woche starb, und zwar, wie es offiziell hieß, an »Herzmuskelschwäche, verursacht durch Hunger und Lungentuberkulose«.

Bei ihrer Beerdigung musste ein Laie die Gebete sprechen, weil der Geistliche den Zug von London nach Ashford versäumt hatte.

Zu der Zeit, als Simone Weil in der Fabrik arbeitete, bekam sie einen Brief von einem sechzehnjährigen Mädchen, das von seiner Absicht berichtete, in seinem Leben alle nur möglichen Gefühle kennenlernen zu wollen. Simone Weil antwortete: *Ich zöge es vielmehr vor, wenn Sie sagten, dass Sie den Kontakt mit den Realitäten des Lebens suchen. Vielleicht glauben Sie, das sei dasselbe; tatsächlich ist es das genaue Gegenteil. Es gibt Leute, die haben nur von Gefühlen gelebt* [...]. *In Wirklichkeit sind sie die vom Leben Betrogenen und fallen in tiefe Traurigkeit. So müssen sie sich betäuben, indem sie unglücklich sich selbst belügen. Denn die Wirklichkeit des Lebens besteht nicht aus Gefühl, sondern aus Tätigkeit, ich meine: Aktivität sowohl im Denken wie im Handeln. Diejenigen, die von Gefühlen leben, sind, materiell und moralisch, nichts als Parasiten im Vergleich zu den arbeitenden und schöpferischen Menschen, die allein Menschen sind. Ich ergänze dazu, dass diese Letzten, die nicht nach Gefühlen jagen, deren gleichwohl viel lebhafter und tiefer teilhaftig werden, weniger künstlich und viel wahrer als jene, welche danach suchen. Schließlich enthält die Sucht nach Gefühlen einen Egoismus, der mir Schrecken einjagt* [...]. *Sie hindert uns augenscheinlich zwar nicht daran, zu lieben, doch führt sie dazu, die geliebten Wesen einfach als Gelegenheit zum Freuen oder zum Leiden anzusehen und dabei völlig zu vergessen, dass sie aus und für sich selbst existieren. Man lebt inmitten von Phantomen. Man träumt, anstatt zu leben.*

Dorothee Sölle
oder
Das Recht, ein anderer zu werden

Für die Philosophin Hannah Arendt ist nicht der Tod, sondern die Geburt das wichtigste Ereignis im Leben eines Menschen. Sie spricht sogar vom »Wunder der Geburt«, um uns die Augen zu öffnen für die erstaunliche Tatsache, dass jedes neugeborene Kind einen Neuanfang bedeutet. Dieser Neuanfang ist für Hannah Arendt nicht auf die Geburt, also auf den Beginn des Lebens beschränkt, sondern es ist eine Fähigkeit, die der Mensch zeit seines Lebens behält. Hannah Arendt nennt diese Fähigkeit »Natalität« oder »Geburtlichkeit«. Jeder Mensch könne immer wieder neu anfangen, er kann sich von einer belastenden Vergangenheit lösen, er kann sich aus festgelegten Rollen befreien, er kann aus Lebenswegen ausbrechen, die unausweichlich scheinen, und er kann zusammen mit anderen die Welt ändern. Mit einem Wort – man kann immer wieder zum Anfänger werden.

Ähnlich wie Hannah Arendt hat die Theologin und Schriftstellerin Dorothee Sölle immer wieder die Veränderbarkeit des Menschen betont. Nur sprach sie nicht von »Geburtlichkeit« oder »Natalität«. Auch die alte religiöse

Rede von Erlösung und Geborenwerden hielt sie für ungeeignet, den heutigen Menschen zu erreichen. Stattdessen sprach sie von Umkehr und Befreiung.

Umkehr ist für sie ein Ereignis, das jede Frau, jeder Mann, jedes Kind erleben kann. Und das ist für Sölle schon dann der Fall, wenn die *Abgeschlossenheit des Selbst* durchbrochen wird, wenn also jemand erkennt, dass er viel mehr ist, als er zu sein glaubte, oder wenn er seine Forderungen an das Leben nicht aufgibt. In solchen Momenten zeigt sich für Sölle eine Kraft, die jeden Menschen befähigt, nicht nur sich selbst zu ändern, sondern sich auch von sozialer Ungerechtigkeit zu befreien. Christsein bedeutet für Sölle *das Recht, ein anderer zu werden.*

Dorothee Sölle hat in ihrem eigenen Leben dieses Recht oft in Anspruch genommen. Das führte nicht zu spektakulären Kehrtwendungen, wohl aber zu einem Richtungswechsel und zum »Verrat« an jener bürgerlichen Lebensform, in der sie erzogen wurde und die sie lange verteidigt hat.

Das Ende einer Kindheit

Als erwachsene Frau hat Dorothee Sölle unterschieden zwischen einem Leben, in das man durch Zufall hineingeboren wird, und einem, für das man sich entscheidet. Sie selbst wurde am 30. September 1929 als Dorothee Nipperdey in eine Kölner großbürgerliche Familie hineingeboren. Ihr Vater, Hans Carl Nipperdey, war ein Jura-Professor und später, nach dem Zweiten Weltkrieg, der erste Präsident des Bundesarbeitsgerichtes. Ihre Mutter war eine geistig sehr rege und lebenslustige Frau, die lieber Musik hörte, den Kindern Lieder vorsang und Bücher las, als in der Küche zu stehen. Überhaupt spielten in der Familie Nipperdey Kunst und Literatur eine große Rolle. Das Haus war voll von Klassikerausgaben und Notenheften und Dorothee bekam schon früh Klavierunterricht.

In Dorothees Elternhaus im vornehmen Kölner Vorort Marienburg wurde über alles offen gesprochen, auch über die Verbrechen der Nazis. Nur gegenüber der Kirche verhielt man sich reserviert. »Das weiß man nicht«, sagte Dorothees Mutter, wenn das Gespräch auf Glaubensdinge kam, und damit war dieses Thema erledigt. Goethe war eben wichtiger als die Bibel und so lernten es auch die Kinder.

Dorothee hatte drei ältere Brüder, für die sie nur die »Kleine« und »Dumme« war. Sie selbst wäre auch gern ein Junge gewesen, so groß und stark. Stattdessen war sie klein und schmächtig. Der Vater machte sich Sorgen, weil seine Tochter nicht wachsen wollte, und die Lehrerin in der Schule nannte Dorothee »Streichhölzchen«, weil sie so dünn war. Dorothee fand sich damit ab. Sie lebte in ihrer eigenen Welt mit ihren Puppen, ihrem Tagebuch, ihren Büchern und vor allem mit ihrem Klavier, auf dem sie mit Hingabe Bach und Schubert spielte.

In dieser behüteten Kinderwelt lebte Dorothee sehr

lange. Von dem Krieg, der um sie her tobte, bekam sie wenig mit. Fliegeralarme gehörten zum Alltag, und sie fand es lästig und übertrieben, jedes Mal in den Luftschutzkeller gehen zu müssen. Dann aber hatte die dreizehnjährige Dorothee ein Erlebnis, das sie aus ihrer heilen Welt riss.

Die Eltern nahmen für ein paar Wochen eine Frau bei sich auf. Sie war Jüdin und musste in einem Zimmer unter dem Dach versteckt werden. Dorothee ging oft die Treppen hinauf, um die Frau zu besuchen. Sie machte sich große Sorgen um die Frau und das gestand sie ihr einmal auch. »Mach dir keine Gedanken«, meinte die nur, »mich kriegen sie nicht.« Und sie öffnete ihre Handtasche und zeigte Dorothee ein kleines Glasfläschchen. Es war Gift darin. Die Frau war fest entschlossen, sich umzubringen, bevor sie den Nazis in die Hände fiel. *An diesem Tag,* so schreibt Dorothee Sölle in ihren Erinnerungen, *hörte ich auf, ein Kind zu sein.*

Ein halbes Jahr später hatte Dorothee ein ähnliches Erlebnis. Sie fuhr mit der Straßenbahn und sah ein Mädchen mit schwarzen Augen und braunen Zöpfen. Sie wollte das schöne Mädchen ansprechen, traute sich aber nicht. Nur ihre Blicke trafen sich kurz. Als Soldaten einstiegen, wurde das Mädchen unruhig und stieg dann plötzlich aus. Dabei verrutschte ihre Tasche und man sah auf ihrem Mantel den gelben Aufnäher mit dem Judenstern. Dorothee wollte ihr nachlaufen, aber es war zu spät. Die Bahn fuhr schon wieder weiter, und Dorothee schämte sich dafür, dass sie sich so feige verhalten hatte.

Sie war aus der Kinderwelt gefallen, aus jenem *Land Ohneangst*. Nun hatte sie Angst. Nicht vor den Bomben und nicht vor den Nazis, sondern davor, ihr Leben zu verfehlen. Erst später lernte sie, dass diese Angst eine Auszeichnung sein kann. Denn nur die Geistlosen haben keine Angst. Sie sind glücklich und zufrieden, während jene, die diese Angst kennen, in der Unruhe leben und wissen, was Schuld ist.

Dorothee und das Nichts

Kurz vor Ende des Krieges floh die Familie Nipperdey nach Jena. Nachdem die Amerikaner die Stadt erobert hatten und bevor die Rote Armee sie besetzte, kehrte Dorothee mit ihrem Bruder nach Köln zurück. Der Krieg war vorbei. Ihre Heimatstadt lag in Schutt und Asche. Doch die meisten Menschen waren nicht froh, von Hitler befreit zu sein. Und schon gar nicht fühlten sie sich mitschuldig an einem Krieg, der so viel Leid verursacht und so viele Menschen das Leben gekostet hatte. Im Gegenteil, sie betrachteten sich selbst als Opfer einer tragischen Katastrophe und beklagten das Unrecht, das man ihnen angetan habe.

Dorothee Sölle blieb die Tochter aus gutem Hause. Sie hatte Hitler verabscheut. Aber sie glaubte an ein anderes, besseres Deutschland, an ein Deutschland Goethes und Bachs, wie es in ihrem Elternhaus bewahrt worden war. Dass gerade die liberalen Kreise mit ihrem Bildungsanspruch an der deutschen Katastrophe mitgewirkt hatten, weil sie einen Hitler nicht verhindern konnten – dieser Gedanke lag Dorothee fern. Und es gab auch niemanden in ihrer Umgebung, der sie auf solche Zusammenhänge aufmerksam machte.

In dem Mädchengymnasium, das Dorothee nun besuchte, wurde die jüngste deutsche Vergangenheit nicht behandelt. Und den Religionsunterricht fand sie so schlecht und langweilig, dass sie nahe daran war, ihn zu boykottieren. Was sollte sie, die in einem aufgeklärten Elternhaus lebte, mit Geschichten über Jungfrauengeburt, Wunderheilungen und Himmelfahrt anfangen? Viel anziehender war dagegen das, was von den sogenannten Existenzialisten wie Martin Heidegger oder Jean-Paul Sartre zu hören war. Sie verkündeten, dass der Mensch in eine letztlich sinnlose Welt geworfen ist und darin seine Freiheit behaupten muss.

Dorothee schwelgte in ihrem Tagebuch in dieser nihilistischen Stimmung. Auch sie wollte dem Nichts tapfer ins Auge sehen. Wie weich und feige waren im Vergleich dazu die Christen mit ihrem ewig schlechten Gewissen und ihrem *Jenseitsgesäusel.*

Verunsichert in ihrer Haltung wurde Dorothee erst durch eine neue Religionslehrerin. Sie hieß Marie Veit und Dorothee war begeistert von ihr. *Die neue Religionslehrerin ist umwerfend gut,* schrieb sie in ihr Tagebuch, mit dem Zusatz: *leider Christ!* Marie Veit ließ sich von den frechen Bemerkungen des siebzehnjährigen Mädchens nicht provozieren. Sie nahm Dorothees Zorn und

Abneigung gegen Christen ernst, verlangte von ihr aber, ihre Ansichten kritisch zu verteidigen.

Eine solche Lehrerin hatte Dorothee bisher noch nie gehabt. Marie Veit wusste nicht nur viel, sondern stand auch hinter dem, was sie sagte und tat. Und vor allem war sie der lebende Beweis dafür, dass man seinen Verstand nicht abgeben musste, um Christ zu sein. Marie Veit war sehr klug – und tief gläubig. Dorothee fasste ein großes Vertrauen zu dieser Frau. Und sie wollte mehr wissen über jenen Jesus von Nazareth, den man beschimpft, verfolgt und getötet hatte und der doch nie in seinem Leben Nihilist geworden war.

Auschwitz und der liebe Gott

Von den Verbrechen der Nazis erfuhr Dorothee Sölle nicht in der Schule oder in der Kirche, sondern von Menschen, die Opfer des Nazi-Regimes geworden waren. Sie las Berichte über Konzentrationslager wie Auschwitz und die ersten Bücher über die Wurzeln des Nationalsozialismus. Und je mehr sie erfuhr, desto größer wurde ihre Scham. Fortan wurde sie nur noch von einer Frage bewegt: Wie konnte das passieren? Und was hatten jene Menschen dazu beigetragen, die sie kannte, ihre Lehrer, ihre Eltern, die Pfarrer in ihrer Gemeinde?

Nach dem Abitur 1949 studierte Dorothee Sölle Philosophie und alte Sprachen in Köln und Freiburg. Wenn sie gehofft hatte, durch dieses Studium Antworten auf ihre

Fragen zu bekommen, so wurde sie enttäuscht. Dieses Studium erwies sich als Sackgasse und Dorothee geriet in eine tiefe Krise. Sie erkannte, dass sie mit der Wahl ihrer Studienfächer nur die Erwartungen ihrer Herkunft erfüllte. Doch diese Herkunft war ihr inzwischen suspekt geworden. Die bürgerliche Kultur, die das Schöne und Gute bewahren wollte, hatte das Böse und Schreckliche nicht verhindern können. Sie hatte sich in den Kriegsjahren vor der Realität der Konzentrationslager und der Folterkeller der Gestapo in eine angeblich höhere Wirklichkeit zurückgezogen. Für Dorothee war es nicht möglich, nach 1945 an diese Kultur wieder anzuknüpfen, so als ob nichts geschehen wäre. Sie suchte nach einer Antwort auf die Frage, wie es zu Auschwitz hatte kommen können und wie man nach Auschwitz weiterleben kann.

1951 begann Dorothee, in Göttingen Theologie zu studieren. Das war für eine Frau ungewöhnlich, denn Frauen war damals der Pfarrberuf noch verschlossen. Dorothee hatte ohnehin nie daran gedacht, eine Pfarrerin zu werden, und auch sonst hatte sie keine Vorstellung, was sie einmal beruflich machen wollte. 1954 bestand sie ihr Staatsexamen und schrieb gleichzeitig eine germanistische Doktorarbeit. In dieser Zeit lernte sie auch den Maler Dietrich Sölle kennen. Die beiden verliebten sich ineinander und beschlossen zu heiraten. Bei der Hochzeit trug Dorothee ein weißes Brautkleid. Ihre Mutter und ihre Freundinnen verfolgten die Zeremonie mit skeptischen Blicken. Sie konnten sich nicht recht vorstellen, dass dieses Brautpaar zusammenpasste.

Dorothee Sölle, wie sie nun hieß, bewunderte ihren Mann. Sie fand die Bilder, die er malte, wunderbar. Es störte sie auch nicht sonderlich, dass er seine Bilder nicht verkaufen konnte und das Paar kaum Geld hatte. So musste eben Dorothee für den Lebensunterhalt sorgen.

Dorothee Sölle wurde Lehrerin für Religion und Deutsch an einer Kölner Mädchenschule. Sie war entsetzt, dass ihre Schülerinnen so gut wie nichts über die jüngste deutsche Vergangenheit wussten. Hitler hielten sie für einen fähigen Staatsmann, der Autobahnen gebaut und wieder Ordnung geschaffen hatte. Und von den Konzentrationslagern und der Ermordung von Juden hatten sie noch nie etwas gehört. Dorothee Sölle änderte den Lehrplan eigenmächtig und unterrichtete nun über das Dritte Reich, oft mit drastischen Mitteln, gegen die Einwände der Behörden und Eltern.

Um eine bessere Zukunft gestalten zu können, so fand Dorothee Sölle, mussten die jungen Leute die Vergangenheit kennen. Für die Zukunft Deutschlands aber waren die Weichen schon gestellt. Unter dem ersten Bundeskanzler Konrad Adenauer sollte wieder eine bewaffnete Armee aufgestellt werden. Das war für viele ein Schock. Auch für die junge Lehrerin Dorothee Sölle. Nach den Erfahrungen zweier Weltkriege, so meinte sie, dürfe von Deutschland nie wieder ein Krieg ausgehen.

Sie hörte von christlichen Gruppen, die gegen die Politik der Wiederbewaffnung protestierten. Ihre Mutter, der sie davon erzählte, erklärte ihr, dass diese Proteste zwar gut gemeint, aber völlig aussichtslos seien. Das befürchtete Dorothee Sölle auch. Trotzdem wollte sie diese Leute kennenlernen. Sie wollte zu diesen *Verrückten* gehören. Schon bald darauf ging sie zum ersten Mal in ihrem Leben auf die Straße, um zu demonstrieren.

Zu anderen Ufern

Die Ehe der Sölles hielt nicht lange. Nach wenigen Jahren trennten sie sich, obwohl bereits drei Kinder da waren, ein Junge und zwei Mädchen. Dorothee Sölle erzog die Kinder nun allein, wollte aber auf keinen Fall darauf verzichten, berufstätig zu sein. Ihre Stelle als Lehrerin hatte sie aufgegeben und war nun Assistentin an der Universität Aachen. Das hieß aber, dass sie an zwei Tagen in der Woche ihre Kinder irgendwo unterbringen musste. Meistens waren sie bei der Großmutter, auch wenn die mit der Berufstätigkeit ihrer Tochter gar nicht einverstanden war. Dorothee Sölle wollte aber nie nur Mutter sein, das wäre für sie, wie sie sagte, *selbstzerstörerisch* gewesen. Sie brauchte die *Auseinandersetzung mit der Welt*, auch wenn das bedeutete, dass ihre Kinder manchmal eben nur Fischstäbchen zum Mittagessen bekamen.

Leichter wurde ihre Situation, als sie eine Stelle an der Universität Köln erhielt. Trotzdem blieb sie hin- und hergerissen zwischen Familie und Beruf, zumal ihr berufliches Spektrum immer größer wurde. Sie schrieb für Zeitungen und für den Hörfunk und sie arbeitete an ihrem ersten Buch. Als dieses Buch erschien, sorgte es gleich für Furore. Nicht nur, weil hier ein theologisches Buch vorlag, das fast ohne Fachwörter und Fußnoten auskam, sondern wegen des provozierenden Titels: *Stellvertretung – Ein Kapitel Theologie nach dem Tod Gottes.*

Tot war für Dorothee Sölle aber nur eine bestimmte Vorstellung von Gott, nämlich die vom allmächtigen Herrscher, der über allem thront, der die Menschen nicht braucht und per Knopfdruck die Welt von oben regiert. Einen solchen Gott konnte man zu Recht fragen, warum er Auschwitz nicht verhindert hat. Gott ist aber für Dorothee Sölle kein ferner Weltenlenker, sondern ein Bruder, der bei den Menschen ist, mit ihnen leidet und der ohnmächtig ist ohne ihre Hilfe. *Gott,* so meint Dorothee Sölle, *hat keine anderen Hände als unsere.* Gott braucht die Menschen, um die Erde nach seinen Vorstellungen zu gestalten. Und die Menschen brauchen Gott, um zu ahnen, was sie sein könnten, um ihre Würde zu behalten und sich aus unmenschlichen Verhältnissen zu befreien.

Dieses andere Gottesbild war für Dorothee Sölle nicht nur ein theologischer Entwurf, es bedeutete für sie eine persönliche Umkehr. Sie hatte den Gott gefunden, den sie so lange gesucht hatte. Sie hatte es gewagt, so drückte es ihre Jugendfreundin später einmal aus, »über das Wasser zu gehen, und kam am anderen Ufer an«. Und dort, am anderen Ufer, wartete ein Gott, der sie zur Verantwortung aufrief und der die übliche Trennung zwischen Religion und Politik nicht mehr gelten ließ.

Freidigkeit

1967 gehörte Dorothee Sölle zu einem Freundeskreis, der sich regelmäßig traf, um über theologische Themen zu reden. Thema Nummer eins war in diesen Tagen allerdings der Krieg der Amerikaner gegen Vietnam. Alle im Kreis waren gegen diesen Krieg und waren empört darüber, dass sich so wenig Widerstand regte. Man musste sich aber eingestehen, dass man zu dieser Ohnmacht beitrug, wenn man über Menschenwürde und Nächstenliebe redete, aber zu den Verbrechen, die in Vietnam geschahen, schwieg. *Jeder theologische Satz muss zugleich auch ein politischer sein*, forderte Dorothee Sölle. Und zusammen mit den anderen aus der Gruppe begann sie darüber nachzudenken, wie eine neue Form von Gottesdienst aussehen könnte, in dem Gebete genauso ihren Platz haben wie politische Informationen und konkrete Vorschläge zum Handeln.

Das Ergebnis dieser Überlegungen präsentierte die Gruppe 1968 auf dem Katholikentag in Köln. Spät in der Nacht erlebten die Besucher in einer Kölner Kirche einen ganz ungewohnten Gottesdienst. Biblische Texte wurden in Verbindung gebracht mit aktuellen politischen Ereignissen, es wurde meditiert und diskutiert und zum Schluss zu Aktionen aufgerufen.

Dieses erste »politische Nachtgebet«, wie man es seitdem nannte, fand noch viele Fortsetzungen, in denen es um die Frauenfrage, die Dritte Welt oder um Stadtplanung ging. Die Veranstaltungen zogen immer mehr

Leute an, gleichzeitig wurde die Kritik der Amtskirchen immer heftiger. Dort war man der Ansicht, dass Politik nicht in die Kirche gehöre. Katholischen Pfarrern wurde verboten, an den »Nachtgebeten« teilzunehmen. Aus der evangelischen Kirche kamen Stimmen, die Dorothee Sölle ketzerische Ansichten vorwarfen. Und für manche bibelfromme Christen war sie nicht weniger als eine Abgesandte des Leibhaftigen, vor der man warnen musste. »Geh zur Sölle, fahr zur Hölle«, war ein Spruch, den sie zu hören bekam.

Dabei ging es Dorothee Sölle darum, Abgrenzungen zu überwinden und scheinbar gegensätzliche Dinge wie Spiritualität und Politik wieder zusammenzubringen. Sie selber suchte diese Widersprüche und lebte sie auch, so wenn sie einerseits Gedichte veröffentlichte oder mit Musikgruppen auftrat und andererseits wissenschaftliche Aufsätze schrieb, Meditationen abhielt und sich an Demonstrationen beteiligte. Sie nahm dabei eine Tugend in Anspruch, die Luther mit dem Wort *»Freidigkeit«* bezeichnet hatte und das übersetzt eine Verbindung von »Freiheit« und »Frechheit« bedeutet.

Zu dieser *»Freidigkeit«* gehörte vielleicht auch die Ehe mit dem Benediktiner-Mönch Fulbert Steffensky. Die beiden hatten sich im Rahmen der »Nachtgebete« kennengelernt und heirateten 1969. Für diese Ehe trat Steffensky aus seinem Orden und der katholischen Kirche aus. Seine katholische Prägung verlor er dadurch natürlich nicht, was eine fruchtbare Spannung zu Sölles aufgeklärtem Protestantismus ergab.

Ihr ungewöhnlicher Lebenswandel und ihr Ruf als »linke« Schriftstellerin und Theologin waren für Dorothee Sölles akademische Laufbahn nicht gerade förderlich. Das bekam sie zu spüren, als sie sich 1971 habilitieren wollte. Sie fiel bei der Prüfung durch, was seit 1945 nicht mehr geschehen war. Erst beim zweiten Anlauf schaffte sie es. Einen Lehrauftrag in Deutschland hat sie allerdings nie bekommen. Eine Frau mit mittlerweile vier Kindern, verheiratet mit einem ehemaligen Mönch, die Theologie mehr als Kunst verstand und noch dazu links war – das ging vielen Männern, so der Kommentar einer Zeitung, dann doch zu weit.

Der Schmerz zum Leben

Im Sommer 1974 bekam Dorothee Sölle Besuch aus Amerika. Ein Hochschulpräsident höchstpersönlich, ein Dozent und ein Student hatten die lange Reise gemacht, um mit ihr zu reden. Sie gingen gemeinsam Mittag essen, und danach war es beschlossene Sache, dass Dorothee Sölle als Professorin an das Union Theological Seminary in New York gehen würde. Was als kurzes Abenteuer gedacht war, wurde zu einem Aufenthalt von drei Jahren.

Dorothee Sölle hat diese Entscheidung nie bereut. Sie war begeistert vom geistigen Klima in der Hochschule, die, wie man dort sagte, sehr »open-minded« war. Was in Deutschland als unerlaubte Vermischung galt, wurde hier leidenschaftlich betrieben, nämlich die Suche nach

Überschneidungen von Christentum, asiatischen Religionen und mystischen Traditionen.

Das »seminary« galt als liberal, ja als links. Viele Studentinnen und Studenten waren politisch aktiv und gleichzeitig sehr fromm. Sie erwarteten von jedem, dass er in seinem Leben eine Bekehrung erlebt, die allerdings nicht nur religiös, sondern auch politisch sein konnte.

Das Thema, das Dorothee Sölle in ihrer Klasse behandelte, passte gut in die Tradition der Schule. Es hieß *Mystik und Widerstand*. Sölle wollte damit die *Unterscheidung von mystischem »Innen« und politischem »Außen«* überwinden. Eine wichtige Brücke dabei ist für sie die menschliche Fähigkeit zum Mitleiden. Nur wer die Not anderer Menschen wahrnimmt, hört auf, lediglich an seine eigene Zufriedenheit zu denken. Die Armut oder das Unglück der anderen wird dann zu einer Sache, die auch uns angeht, vor allem dann, wenn Umstände daran schuld sind, die wir ändern können. Schuldig machen wir uns demnach, wenn wir vermeidbares Leiden einfach hinnehmen, wegsehen oder unsere Hilfe verweigern.

Mit dem Mitleid allein ist es für Dorothee Sölle aber noch nicht getan. Mitleid setzt nämlich etwas Entscheidendes voraus: dass wir Erfahrungen von Glück machen und Utopien entwerfen können. Nur der kann Mitleid empfinden, der weiß, wie die Welt eigentlich aussehen könnte oder wie sie von Gott gedacht war. Darum müssen wir nach Sölle unsere Sensibilität für das Glück ausbilden oder, wie sie es formuliert, wir müssen unsere *mystische Empfindlichkeit* stärken.

Auf diesem Weg entdeckte Dorothee Sölle die Welt der Mystiker wieder, jener Frauen und Männer, die Gott unmittelbar erfahren haben, ohne Priester und Institutionen. Jene Mystiker aus allen Zeiten berichten in einer poetischen Sprache von Augenblicken, in denen ein sehr intensives Erleben der Wirklichkeit einhergeht mit der Gewissheit, dass Gott anwesend ist. Diese Erfahrung ist aber für Dorothee Sölle nicht außergewöhnlichen Persönlichkeiten oder religiösen Genies vorbehalten. Jeder kann sie machen, in jenen Augenblicken, wenn er ganz in der Gegenwart aufgeht, ohne Zweck und Ziel, ohne Warum, nur aus Freude am Spiel oder an der Schönheit.

Die Wahrnehmung von Schönheit einerseits und andererseits die Einsicht, dass es Not, Armut, Ungerechtigkeit gibt, markieren die Pole, zwischen denen sich unser Leben abspielt. Zu erahnen, wie die Welt sein könnte, und zu sehen, was Menschen aus ihr gemacht haben, ist schmerzvoll. Dieser Schmerz ist für Dorothee Sölle sehr wichtig. Und sie plädiert dafür, ihn nicht zu unterdrücken oder durch verschiedene Formen der Narkose, wie unsere Kultur sie anbietet, zu betäuben. Mit einer veränderten Einstellung zum Schmerz wären Krankheit, Tod oder Unglück nicht mehr etwas, das stört, wehtut oder unangenehm ist. Sie selbst schöpfte aus diesen Erfahrungen Zuversicht und Hoffnung, weil sie das Leben begriff als Schöpfung, die unterwegs ist zu Befreiung und Erlösung.

Dorothee Sölle hat diese andere Einstellung mit den Schmerzen einer Frau bei der Entbindung verglichen. Ab einem gewissen Moment seien die Wehen nicht mehr ein notwendiges Übel, sondern eine Kraft, mit der man einverstanden ist, weil sie neues Leben hervorbringt. *Ich will nicht mehr Sicherheit vor dem Feind Schmerz,* so schreibt sie, *sondern Leben.* In diesem Sinne fordert sie eine *Theologie des Schmerzes,* in der Leben verstanden wird als eine dauernde Geburt, die zur Erlösung führt und zu der Krankheit, Tod und Schmerzen dazugehören.

Glück ohne Warum

Im Sommer 1977 kehrte Dorothee Sölle mit Mann und Kindern wieder nach Deutschland zurück. Ihre Stelle am Union Seminary behielt sie, verbrachte jedoch nur drei Monate im Jahr in New York. In der restlichen Zeit hatte sie kurze Gastprofessuren inne, schrieb Bücher, hielt Vorträge, trat als umstrittener und umjubelter Gast bei Kirchentagen auf und machte Reisen in lateinamerikanische Länder wie Chile, Nicaragua oder Bolivien.

Dorothee Sölle war weltweit bekannt, diese Prominenz machte sie aber nicht diplomatischer und auch nicht weniger streitlustig. Den Konflikten mit bestimmten Kirchenkreisen und mit konservativen Politikern ging sie nicht aus dem Weg. Mit ihrer Forderung nach einem widerständigen Christentum, das gegen Konsumterror, Wohlstandszufriedenheit und jede Form von Militarismus protestiert und sich auf die Seite der Armen in der Dritten Welt stellen soll, stieß sie auf massive Kritik. Man warf ihr vor, den Glauben und die Bibel für politische

Zwecke zu missbrauchen. Gerade aber bei den politischen Konsequenzen ihres Verständnisses von Christentum wollte sie keine Abstriche machen.

Sie mischte sich auch weiterhin in die politische Diskussion ein. In der Friedensbewegung der Achtzigerjahre war sie eine führende Figur und entwarf Parolen wie *Wer sich nicht wehrt, lebt verkehrt*. Sie rief sogar zu illegalen Aktionen auf und nahm teil an Sitzblockaden gegen die US-Raketenbasen in Mutlangen und gegen Giftgaslager im pfälzischen Waldfischbach. Wegen Nötigung wurde sie daraufhin zu einer Geldstrafe von 200 Mark verurteilt.

Solche Aktionen waren für Dorothee Sölle wichtig, weil man damit zeigen konnte, dass man geschaffene Fakten nicht einfach hinnehmen muss, sondern etwas dagegen tun kann. Nichts anderes bedeutet für sie *Umkehr*, eine Kategorie, an der sie unbedingt festhalten wollte. In einem Interview anlässlich ihres siebzigsten Geburtstags meinte sie: *Die Entscheidung fällt dort, wo man sich auf die Kategorie der Umkehr einlässt.* [...] *Ich habe die Freiheit umzukehren. Ich bin nicht zwangsweise neurotisch und ewig gebunden, stets dasselbe zu machen.* [...] *Das ist eine reale Erfahrung, die Menschen machen können. Es ist möglich, aus den Zwängen herauszukommen, aus den Ängsten, Neurosen und so fort. Ich finde diesen Gedanken außerordentlich stark und wichtig: Wir sind zur Umkehr fähig.*

Ende April 2003 nahm Dorothee Sölle mit ihrem Mann an einer Tagung der Evangelischen Akademie Bad

Boll teil. Das Thema der Tagung war »Gott und das Glück«. Am Abend des 25. April hielt Sölle einen Vortrag und am nächsten Abend las sie aus eigenen Texten vor. Am Morgen darauf erlitt sie einen Herzinfarkt. Sie wurde in eine nahe gelegene Klinik gebracht, wo sie nach wenigen Stunden starb.

In ihrem Vortrag in der Akademie hatte sie gesagt: *Wir beginnen den Weg zum Glück nicht als Suchende, sondern als schon Gefundene.* Und in einem Brief an ihre Kinder hatte sie über das Glück und die Lebensfreude geschrieben: *Ohne Grund im Grund des Lebens ist diese wirkliche Freude nicht da, unser Freuen ist dann immer auf Anlässe und Sachen bezogen, aber die wirkliche Freude, die Lebensfreude, das Glück, am Leben zu sein, ist nicht eine Freude, weil es Erdbeeren oder schulfrei oder einen wunderbaren Besuch gibt. Die wirkliche Freude ist ohne Warum, »sunder warumbe«, wie mein bester Freund aus dem Mittelalter, der Meister Eckhart, sagt.*

Nachwort

Einem Wort von Edith Stein zufolge gibt es so viele unterschiedliche Möglichkeiten der zweiten Geburt, wie es Menschen gibt. Der Grund dafür ist, dass eine zweite Geburt nur jeder für sich erleben kann. Sie ist keine lernbare Technik und keine Lehre und also auch nicht übertragbar. Sie geschieht, um einen altmodischen Ausdruck zu gebrauchen, in der »Einsamkeit des Herzens«. Wie in Franz Kafkas Gleichnis vom Torwächter, *Vor dem Gesetz*, gibt es für jeden Menschen eine Tür, die nur für ihn vorgesehen ist und durch die er gehen muss. Das heißt auch, dass er durch diese Tür nur alleine, als Einzelner gehen kann. Umsonst wartet er auf die Hilfe oder die Anordnung eines Wächters, sei dieser Wächter nun ein Lehrer, ein Priester, ein Buch, eine Heilslehre oder die Rituale und Vorschriften einer Glaubensgemeinschaft. Solche Helfer und Hilfen sind hier nutzlos. Hier kommt es strikt nur auf den Einzelnen an. Denn es geht nicht um oberflächliche Veränderungen, sondern um eine innere Wandlung, und die kann nur gelingen, wenn jemand sich als Person aufs Spiel setzt und auf fremden Beistand verzichtet.

Um zu beschreiben, was hier vor sich geht, hat man Ausdrücke verwendet wie der »Weg ins Innere« oder »Rückzug vor der Welt«. Das ist, oft zu Recht, auch verstanden worden als Flucht vor der Wirklichkeit und Rückzug in ein privates Seelenheil. Die in diesem Buch versammelten Porträts aus verschiedenen Jahrhunderten haben aber gezeigt, dass die zweite Geburt zwar notwendig ein persönlicher Akt bleibt, aber immer gleichzeitig ein neuer Zugang zur Wirklichkeit damit verbunden ist. Jesus von Nazareth hat sich nach seiner Taufe den Armen und den Ausgestoßenen zugewandt. Für Menschen wie Teresa von Avila, Elisabeth von Thüringen oder Franz von Assisi war die innere Umkehr zugleich der Auftrag, sich um den Not leidenden Nächsten zu kümmern. Und in modernen Zeiten waren es Frauen wie Edith Stein, Simone Weil oder Dorothee Sölle, deren tiefe Frömmigkeit wie selbstverständlich zu politischem Engagement geführt hat.

Offenbar also müssen spirituelle Versenkung und soziales Gewissen sich nicht ausschließen, sondern gehören sogar im Grunde zusammen. So gesehen, wäre es auch falsch, aus der Einteilung in Träumer und Macher einen Gegensatz zu bilden. Mehr noch, das eine ohne das andere wäre nur eine gefährliche Verkürzung. Ein Macher ohne Träume könnte nur Pläne ohne Visionen entwerfen und Worte finden, die leer sind und die Menschen nicht erreichen. Ein Träumer ohne Taten wäre einer, der im Ernstfall nichts zu sagen hat und der Not und Unrecht nichts entgegensetzen kann.

Wenn man alle Beschreibungen, mit denen die Zeugen in diesem Band ihre zweite Geburt schildern, zusammenträgt, dann ergibt sich das Bild eines ungeheuren inneren Erlebnisses. Es ist die Erfahrung von einmaligem Glück und von einer Ganzheit des Lebens, verbunden mit einer nie geahnten Klarheit und dem festen Wissen, dass man geborgen ist und einem nichts passieren kann. Diese Erfahrung bringt jeden, der sie erlebt, in Widerspruch zur Welt. Er bekommt eine Ahnung davon, wie die Welt sein könnte und sein sollte. Daraus entsteht der Impuls zum Handeln, einem Handeln, das immer einen Maßstab vor Augen hat. Das bedeutet, dass die zweite Geburt immer auch Utopien hervorbringt, Utopien von einer besseren und gerechteren Welt.

Solche Utopien stehen heute nicht mehr hoch im Kurs. Nach dem Scheitern verschiedener sozialistischer Experimente haben sich für viele Menschen alle Modelle, die eine Alternative zu einer kapitalistischen Leistungsgesellschaft darstellen, von selbst erledigt. Es gibt zu dieser Lebensform quasi keine Konkurrenz mehr. Das birgt die Gefahr, dass die bestehenden Ungerechtigkeiten zynisch als unabwendbar, als notwendige Fehler des Systems hingenommen werden. Wenn es aber stimmt, dass Menschen zur zweiten Geburt fähig sind, das heißt einen Sinn für Glück und Gerechtigkeit haben, dann werden Benachteiligung, Ungerechtigkeit und Not immer als unerträglich empfunden werden.

Das, was ist, kann nie alles sein. Das Unbehagen am Bestehenden gehört zum Menschen, weil er, wie Pascal sagt, unendlich über sich hinausgehen kann. Oder anders gesagt: Mit der zweiten Geburt werden Menschen zu Göttervögeln, und die Luft, die sie trägt, sind die Utopien. Ohne sie könnten diese Vögel nicht fliegen. Denn, so sagt es Dorothee Sölle, der *Vogel Wunschlos fliegt nicht weit.*

Verwendete Literatur (Auswahl)

Jesus von Nazareth

Wilhelm Schneemelcher (Hrsg.): *Neutestamentliche Apokryphen.* Tübingen: Mohr 1990

Joseph Ratzinger – Benedikt XVI: *Jesus von Nazareth.* Freiburg: Herder 2007

Jacques Duquesne: *Jesus. Was für ein Mensch.* Düsseldorf: Patmos 1997

Donald Spoto: *Jesus, der Mann aus Nazareth.* Sein Leben, seine Bedeutung, seine Geheimnisse. Hamburg, Wien: Europa Verlag 1999

Joseph – Vater Jesu. Bibel heute, Heft 1/2008

Augustinus

Augustinus: *Bekenntnisse.* Düsseldorf-Köln: Eugen Diederichs 1958

Kurt Flasch: *Augustin. Einführung in sein Denken.* Stuttgart: Reclam 1980

Garry Wills: *Augustinus. Biografische Passionen.* Berlin: Claasen 2004

Therese Fuhrer: *Augustinus.* Darmstadt: Wissenschaftliche Buchgesellschaft 2004

Henri Marrou: *Augustinus in Selbstzeugnissen und Bilddokumenten.* Reinbek bei Hamburg: Rowohlt 1991

Franz von Assisi

Die Schriften des heiligen Franziskus von Assisi. Werl: Dietrich-Coelde 1980

Thomas von Celano: *Leben und Wunder des Heiligen Franziskus von Assisi.* Kevelaer: Butzon und Bercker 2001

Die Dreigefährtenlegende des Heiligen Franziskus. Werl: Dietrich-Coelde 1972

Hofer, Markus: *Francesco. Der Mann des Jahrtausends. Die historische Gestalt des Franz von Assisi.* Innsbruck-Wien: Verlagsanstalt Tyrolia 2000

Julien Green: *Bruder Franz.* Freiburg: Herder 1984

Gobry, Ivan: *Franz von Assisi mit Selbstzeugnissen und Bilddokumenten.* Reinbek bei Hamburg: Rowohlt 1991

Helmut Feld: *Franziskus von Assisi und seine Bewegung.* Darmstadt: Wissenschaftliche Buchgesellschaft 2007

Adolf Holl: *Der letzte Christ. Franz von Assisi.* Stuttgart: Kreuz Verlag 2000

Elisabeth von Thüringen

Walter Nigg (Hrsg.): *Elisabeth von Thüringen.* Düsseldorf: Patmos 1963 (darin: Lebensregeln für die hl. Elisabeth von Konrad von Marburg; Büchlein über die Aussagen der vier Dienerinnen; Das Leben der hl. Elisabeth von Dietrich von Apolda; Prozess und Verlauf der Heiligsprechung; Aus den Protokollen über die Wunder)

Ortrud Reber: *Elisabeth von Thüringen. Landgräfin und Heilige.* Regensburg: Pustet 2006

Herbert Hömig (Hrsg.): *Das Leben der Heiligen Elisabeth von Thüringen.* Neustadt an der Saale: Verlag Dietrich Pfaehler 1981

Hans Bentzien: *Elisabeth. Das irdische Leben einer Heiligen,* Berlin: Verlag Neues Leben 1990
Gisbert Kranz: *Elisabeth von Thüringen. Wie sie wirklich war.* Regensburg: Pustet 1979
Norbert Ohler: *Elisabeth von Thüringen. Fürstin im Dienst der Niedrigsten.* Göttingen, Zürich: Muster-Schmidt Verlag 1992

Teresa von Avila

Erika Lorenz: *Lockruf des Hirten. Teresa von Avila erzählt ihr Leben.* München: Kösel 1999
Erika Lorenz: *Ein Pfad im Weglosen. Teresa von Avila – Erfahrungsberichte und innere Biografie.* Freiburg: Herder 1986
Jeanne Galzy: *Therese Von Avila. Der Lebensroman einer Heiligen, übertragen und eingeleitet von Helene Adolf.* München: Josef Kösel & Friedrich Pustet 1929
Elisabeth Münzebrock: *Teresa von Avila. Meister der Spiritualität.* Freiburg: Herder 2004
Eberhard Horst: *Die spanische Trilogie. Isabella – Johanna – Teresa.* Düsseldorf: Claassen 1989
Sämtliche Schriften der hl. Theresia von Jesu. Kösel-Verlag: Vierter Band: *Briefe der hl. Theresia von Jesu,* München: Kösel 1985; Sechster Band: *Weg der Vollkommenheit,* München: Kösel 1983

Martin Luther

Alfred Läpple: *Martin Luther. Leben. Bilder. Dokumente,* München, Zürich: Delphin Verlag 1982
Arnulf Zitelmann: *Widerrufen kann ich nicht. Die Lebensgeschichte des Martin Luther.* Weinheim: Beltz 1984

Martin Brecht: *Martin Luther. Sein Weg zur Reformation 1483-1521.* Stuttgart: Calwer Verlag 1983

Heinrich Fausel: *D. Martin Luther. Leben und Werk 1483 bis 1521.* Gütersloh: Gütersloher Verlagshaus 1983

Horst Herrmann: *Martin Luther.* Berlin: Aufbau-Verlag 2003

Dietrich Gronau: *Martin Luther. Revolutionär des Glaubens.* München: Heyne 1996

Humbert Fink: *Martin Luther. Der widersprüchliche Reformator.* Esslingen-München: Bechtle 1994

Hans Jochen Genthe: *Martin Luther. Sein Leben und Werk.* Göttingen: Vandenhoeck & Ruprecht 1996

Volker Leppin: *Martin Luther.* Darmstadt: Wissenschaftliche Buchgesellschaft 2003

Reimar Zeller: *Luther, wie ihn keiner kennt. Lutherbriefe aus dem Alltag.* Freiburg: Herder 1982

Blaise Pascal

Blaise Pascal: *Gedanken über die Religion und andere Themen.* Stuttgart: Reclam 1997

Reinhold Schneider (Hrsg.): *Blaise Pascal.* Frankfurt am Main: Fischer 1954 (darin die Aufzeichnungen von Gilberte Periér über das Leben ihres Bruders Blaise Pascal)

Jacques Attali: *Blaise Pascal. Biografie eines Genies.* Stuttgart: Klett-Cotta 2006

Albert Beguin: *Blaise Pascal in Selbstzeugnissen und Bilddokumenten.* Reinbek bei Hamburg: Rowohlt 1976

Romano Guardini: *Christliches Bewusstsein. Versuche über Pascal.* München: dtv 1962

Edith Stein

Edith Stein: *Aus meinem Leben.* Mit einer Weiterführung über die zweite Lebenshälfte von Maria Amata Neyer OCD. Freiburg, Basel, Wien: Herder 1987

Edith Stein (Teresia Benedicta a Croce OCD): *Erkenntnis und Glaube.* In: *Edith Steins Werke,* hrsg. von Lucy Gelber und Michael Linssen OCD. Band XV, Freiburg: Herder 1993

Edith Stein: *Selbstbildnis in Briefen, 1. Teil 1916–1934,* Werke Bd. 8, Freiburg: Herder 1976

Cordula Koepcke: *Edith Stein. Ein Leben.* Würzburg: Echter 1990

Elisabeth Enders: *Christliche Philosophie und jüdische Märtyrerin.* München: Kösel 1987

Waltraud Herbstrith: *Das wahre Gesicht Edith Steins.* Aschaffenburg: Kaffke 1987

Christian Feldmann: *Edith Stein.* Reinbek bei Hamburg: Rowohlt 2004

Waltraud Herbstrith (Hrsg.): *Edith Stein. Ein neues Lebensbild in Zeugnissen und Selbstzeugnissen.* Freiburg: Herder 1983

Simone Weil

Simone Weil: *Die Einwurzelung. Einführung in die Pflichten dem menschlichen Wesen gegenüber.* München: Kösel 1956

Simone Weil: *Zeugnis für das Gute.* Olten: Walter 1976

Simone Weil: *Schwerkraft und Gnade.* München: Kösel 1954

Simone Weil: *Unglück und die Gottesliebe.* München: Kösel 1961

Simone Pétrement: *Simone Weil: ein Leben.* Leipzig: Uni-Verlag 2007

Athanasios Moulakis: *Simone Weil – die Politik der Askese.* Stuttgart: Klett-Cotta 1981

Robert Schlette u. André Devaux (Hrsg.): *Simone Weil, Philosophie, Religion, Politik.* Frankfurt am Main: Knecht 1985

Jacques Cabaud: *Simone Weil. Die Logik der Liebe.* Freiburg/München: Karl Alber 1968

Simone Weil: *Aufmerksamkeit für das Alltägliche. Ausgewählte Texte zu Fragen der Zeit.* Hrsg. von Otto Betz, München: Kösel 1987

Joseph-Marie Perrin und Gustave Thibon: *Wir kannten Simone Weil.* Paderborn: Ferdinand Schöningh 1954

Dorothee Sölle

Dorothee Sölle: *Gegenwind. Erinnerungen.* Hamburg: Hoffmann und Campe 1995

Dorothee Sölle: *Mutanfälle. Texte zum Umdenken.* Hamburg: Hoffmann und Campe 1993

Dorothee Sölle: *Das Recht, ein anderer zu werden.* Neuwied: Luchterhand 1971

Dorothee Sölle: *Phantasie und Gehorsam. Überlegungen zu einer künftigen christlichen Ethik.* Stuttgart: Kreuz-Verlag 1972

Dorothee Sölle: *Lieben und arbeiten. Eine Theologie der Schöpfung.* Stuttgart: Kreuz-Verlag 1986

Dorothee Sölle: *Hinreise.* Stuttgart: Kreuz-Verlag 1976

Dorothee Sölle: *Sympathie. Theologisch-politische Traktate.* Stuttgart: Kreuz-Verlag 1999

Dorothee Sölle (Hrsg.): *Politisches Nachtgebet in Köln. Texte. Analysen. Kritik.* Stuttgart: Kreuz-Verlag o. J.

Reinhold Boschki/Ekkehard Schuster: *Zur Umkehr fähig. Mit Dorothee Sölle im Gespräch.* Mainz: Matthias-Grünewald-Verlag 1991

Ralph Ludwig: *Die Prophetin. Wie Dorothee Sölle Mystikerin wurde*. Berlin: Wiechern-Verlag 2008

Dorothee Sölle: *Eine feurige Wolke.* Extra-Ausgabe Publik-Forum 1/2004

Bildung ohne Schule ist möglich

André Stern
... und ich war nie in der Schule
Geschichte eines glücklichen Kindes
184 Seiten | Kartoniert
ISBN 978-3-451-06552-1

André Stern war nie in der Schule. In diesem Buch berichtet er, wie er sich in aller Freiheit mit Mathematik, Technik, Tanz, Literatur, Gitarrenbau und Sprachen beschäftigen konnte. Seine Jugend war frei von Stress, Konkurrenzkampf und der Jagd nach guten Noten. Die persönliche Geschichte eines glücklichen Kindes, das ungestört seine Talente entdecken und entfalten konnte.

In jeder Buchhandlung

HERDER
www.herder.de

Lesen ist Leben

Glück ist kein Geheimnis

Bettina von Kleist
Der Weg zum Glück ist ausgeschildert
Vom Suchen und Finden
256 Seiten | Paperback
ISBN 978-3-451-06378-7

Glücklich sein – wer will das nicht? An Angeboten und Ratgebern ist kein Mangel, aber alltagstauglich sind nur wenige. Lebensnah und anrührend sind Bettina von Kleists Gespräche mit 15 ganz unterschiedlichen Menschen über ihr Glück. Daraus zieht sie sehr konkrete Erkenntnisse. Damit das Glück kein Mysterium bleibt, sondern bewusst gelebt werden kann.

In jeder Buchhandlung

HERDER

Lesen ist Leben

www.herder.de